IDENTIDADE DO PROFESSOR NO ENVELHECIMENTO

EDITORA AFILIADA

Coleção
QUESTÕES DA NOSSA ÉPOCA
Volume 87

**Dados Internacionais de Catalogação na Publicação (CIP)
(Câmara Brasileira do Livro, SP, Brasil)**

Stano, Rita de Cássia M. T.
   Identidade do professor no envelhecimento / Rita de Cássia M. T. Stano – São Paulo, Cortez, 2001. – (Coleção Questões da Nossa Época; v. 87)

   Bibliografia.
   ISBN 85-249-0807-6

   1. Envelhecimento 2. Professores I. Título. II. Série.

01-4014   CDD-371.1

Índices para catálogo sistemático:

1. Professores : Envelhecimento : Educação 371.1

Rita de Cássia M. T. Stano

IDENTIDADE DO PROFESSOR NO ENVELHECIMENTO

IDENTIDADE DO PROFESSOR NO ENVELHECIMENTO
Rita de Cássia M. T. Stano

Capa: DAC
Preparação de originais: Dirceu Scali Jr.
Revisão: Maria de Lourdes de Almeida
Composição: Dany Editora Ltda.
Coordenação editorial: Danilo A. Q. Morales

Nenhuma parte desta obra pode ser reproduzida ou duplicada sem autorização expressa da autora e do editor.

© 2001 by Autora

Direitos para esta edição
CORTEZ EDITORA
Rua Bartira, 317 — Perdizes
05009-000 — São Paulo-SP
Tel.: (11) 3864-0111   Fax: (11) 3864-4290
e-mail: cortez@cortezeditora.com.br
www.cortezeditora.com.br

Impresso no Brasil — setembro de 2001

SUMÁRIO

Apresentação 7

Capítulo I — Por uma singularização da velhice: avenidas teóricas 11

Capítulo II — O ser-no-tempo: trabalho e aposentadoria, contratempo? 20

Capítulo III — Sentidos e espaços da professoralidade 37

Capítulo IV — Tempo e espaço, construções da professoralidade no envelhecimento 49

Referências bibliográficas 110

APRESENTAÇÃO

Este trabalho tem por objetivo analisar um vínculo possível entre o envelhecimento e a profissão exercida nos anos de juventude, de produtividade. Ou seja, investigar o exercício profissional como um elemento possível que determina, colabora e marca efetivamente a qualidade do envelhecimento de professores/as.

O resultado desta pesquisa, seus detalhamentos metodológicos e os depoimentos dos/as professores/as aposentados/as ouvidos/as compõem a Tese de Doutorado apresentada à Pontifícia Universidade Católica de São Paulo, em março de 2001 junto ao Programa de Estudos Pós-graduados em Educação: Currículo.

Ao desvelar o percurso da formação da identidade social do/a professor/a, a partir da desconstrução deste mesmo percurso, caminha-se ao inverso, percorrendo para trás, pelas lembranças, pelas evocações de memória e de marcas que foram constituindo o sujeito profissional, ao mesmo tempo, identificando os seus reflexos no processo de envelhecimento destes sujeitos. Pois, no movimento hermenêutico da compreensão, *"tem-se que compreender o todo a partir do individual e o individual a partir do todo"* (Gadamer, 1997:436).

Por meio de narrativas, pelos meandros de entrevistas semi-estruturadas com enfoque fenomenológico, como método de resgate de vivências de sujeitos-atores do/no seu viver, tornou-se possível, neste trabalho, desconstruir a formação da identidade profissional de professores/as. Dar voz ao professor/a aposentado/a pode resultar em dar vozes àqueles que ainda estão em exercício.

Menos do que constatações numéricas ou dados estatísticos estará sendo revelada a importância da presença da identidade profissional no processo de envelhecimento de professores/as por meio de suas próprias locuções. O que estará sendo resgatado é o significado das falas, a força da memória, a intensidade da lembrança. É o tempo que não pára, que não envelhece e que acompanha como passado e futuro o presente de cada sujeito historicamente posto no mundo.

Num mundo em que

"(...) a modernidade é produtora de amnésia, apaga as referências e oculta os ancoradouros do passado, abole para dar lugar ao novo e inédito, e valoriza o efêmero em detrimento do durável, esconde a permanência sob a superfície agitada da mudança (...)." (Balandier, 1997:256),

torna-se necessário que a investigação tenha o intento de recuperar vozes que se subjetivam singularmente diante das arbitrariedades de processos coletivos em que o ser humano se vê, ironicamente, expoliado por questões de raça, gênero e/ou idade. Compreender o modo como vem sendo gestada a velhice de professores/as é um modo de subverter a naturalização das injustiças sociais, das efemeridades que condicionam o ser humano a processos empobrecedores de vida. Pois, se se inscrever no tempo é construir História e se fazer sujeito, cabe indagar: que sujeitos são esses que passaram dois terços de suas vidas entre carteiras e cadernos, entre provas e notas, entre currículos e giz. É uma maneira de compreender como seu mundo profissional participa na construção de seu mundo de vida na velhice.

A riqueza dos sujeitos pesquisados, carregados de História e histórias, não permitiria um enquadramento muito rígido em termos teóricos e metodológicos. Por isso, optou-se por minimizar diferenças e formar um quadro conceptual que correspondesse aos diversos e, muitas vezes, paradoxais elementos que surgiam da necessidade de melhor compreender o sentido de uma profissão no processo de envelhecimento. A construção desse percurso é, pois, a síntese da variedade, da riqueza e da complexidade de muitas avenidas teóricas. Como a própria vida de um ser em processo de envelhecimento supõe muitas esquinas, alguns tropeços e um certo sentido, repleto de significados.

Os fios teóricos que tecerão a rede conceitual concernente aos questionamentos feitos estarão sendo reforçados pelas vozes de poetas mineiros/as que carregam, em seus versos, cenas e cenários de um certo modo de viver nas Minas destas Gerais. São as vozes da ciência e da poesia estabelecendo diálogo com as vozes de velhos/as professores/as que estarão preenchendo estas páginas com o sentido da velhice: como um tempo de ser e de construir novos espaços de existência.

Este trabalho não teria sido possível sem a escuta amorosa e competente da profa. Dra. Mere Abramowicz (PUC/SP); sem o olhar cuidadoso e generoso do prof. Dr. José Cerhi Fusari (USP); sem a prosa poética da profa. Dra. Maria Lúcia Martinelli (PUC/SP) e sem a atenção criteriosa da prof. Dra. Anita Liberalesso Neri (UNICAMP). São exemplos de professoralidade em cena: sempre eternos mestres.

AMANHECIDOS

Os homens do coração amanhecido
Emanam uma luz do peito
E por ela se deixam guiar.
Os seus passos são constantes
Mesmo assim, caem
Mas quando caem, se levantam.
Em algumas ocasiões são maltrapilhos;
Em outras, usam gravata.
Enfrentam filas de ônibus
Ou andam de carro.
Os homens do coração amanhecido
São calmos e não elevam a voz:
Mais escutam do que falam.
E agem, anônimos.
Às vezes,
Pedem com os olhos.
Outras vezes,
Com os olhos, se dão.
Choram,
Sonham
E amam.
Sobretudo, amam.
Os homens do coração amanhecido
Andam pelas ruas
Mas ninguém os vê.

(Bezerra, 1999:40)

Capítulo I

POR UMA SINGULARIZAÇÃO DA VELHICE: AVENIDAS TEÓRICAS

A construção do envelhecimento

> *"Envelhecer não é seguir um caminho já traçado, mas, pelo contrário, construí-lo permanentemente."*
>
> Novaes, 1997:24

Conhecer sua cotidianidade,[1] compreender seus conhecimentos e a forma como vem sendo reelaborado este novo real (o mundo de significados de professores/as velhos/as) deve se constituir em ponto de partida para o trabalho de desvelamento de uma realidade que poderá contribuir para o desvelamento da construção de identidades profissionais.[2] Há a necessidade de se iniciar um processo de des-

---

1. Cotidianidade como qualidade do que é cotidiano, referente às ações que permeiam o dia-a-dia do sujeito.
2. O conceito de identidade profissional aqui considerado baseia-se em Dubar (1997) como resultante de um processo de socialização no campo da produção em que se vai constituindo a identidade para si e para o outro, de maneira estável e provisória, objetiva e subjetiva, individual e coletiva, biográfico e estrutural.

construção da formação da identidade social (para-si e para-o-outro), ouvindo as histórias de vida de docentes que se afastaram do *locus* de sua própria identidade social-profissional pela aposentadoria, a fim de captar o que restou, o que tem determinado (se tem) a sua forma de viver a velhice como produto de singularidades históricas e culturais.

Segundo Castoriadis (1999), cada sociedade tem suas próprias significações imaginárias sociais que a sustenta, criando mundos singulares e específicos que precisam ser interpretados. Assim, se cada sociedade é um para-si,[3] cada ser humano, integrante de um mundo com seus sistemas de significações sociais, também vai se fazendo e se constituindo inserido na organização deste mundo. Abordar uma questão como a do envelhecimento supõe, pois, entender os significados construídos por uma sociedade determinada acerca de um modo de ser para-si, em relação ao seu próprio processo de envelhecimento. A velhice, pelo pressuposto de Castoriadis, é um conceito encarnado no processo social-histórico, mesmo tendo como primeira referência um processo biológico. Os significados instituídos, os modelos identificatórios vão criando uma idealidade[4] e uma rede de sentidos que ultrapassam o meramente biológico do fenômeno do envelhecimento.

Está havendo maior preocupação em relação à terceira idade em função do rápido fenômeno de envelhecimento populacional do país. Tal estimativa supõe a ne-

---

3. Segundo Castoriadis, o para-si quer dizer mundo próprio, fonte de criação de um mundo próprio.
4. Idealidade como um conjunto de qualidades ideais, construídas, para Castoriadis, social e historicamente.

cessidade de se considerar a velhice como um fato social que merece e precisa ser devidamente conhecido e aproveitado para o desvelamento de construções sociais (como a educação) que marcaram vidas e modos de ser no mundo. Essa necessidade advém do perigo de se importar teorias e procedimentos, desconsiderando as particularidades e especificidades da velhice em um país ainda visto como um país de jovens. Desconstruir uma imagem estereotipada da velhice e impingir-lhe uma marca que lhe é cultural são objetivos que se tornam imprescindíveis no desvelamento das condições de vida daqueles que estão na faixa acima dos 60 anos. É preciso, assim, conhecer a dimensão em que um exercício profissional marca e determina a forma e o próprio caminho do envelhecimento.

Estudos mostram (Debert, 1994; Neri, 1995) que não há um processo único de envelhecimento. Na verdade, envelhecer é uma *"invenção cultural"* (Debert, 1994) e, portanto, precisa ser devidamente identificado em suas particularidades. Assim, envelhecer num centro urbano cosmopolita (como São Paulo) não é o mesmo que envelhecer em pequenas cidades do interior de Minas Gerais. É imperioso despir o universo vivencial da velhice por identidades sociais na região na qual está inserida, no sentido de buscar subsídios que iluminem a prática da própria ação docente, quiçá resgatando a compreensão das mudanças atualmente em curso na educação.

Partindo-se do pressuposto de que um problema social é uma construção social (Debert, 1994), pode-se inferir que a velhice está sendo "inventada" como um problema que pode se agravar em prol das dificuldades da seguridade social, mercado de trabalho, dispositivos de lazer, atendimento médico-hospitalar e outros que se mostram ineficientes para atender o contingente de pessoas acima de 60 anos no Brasil. Como "invenção" cultural, a velhice precisa ser desvelada a fim de se desvelar suas singularidades. É a necessidade de dar visibilidade aos homens e às mulheres de *"corações amanhecidos"* que ocupam as cidades com o seu modo próprio de viver, como o demonstrou o poeta Bezerra.

Sendo a vida um processo social e culturalmente construído de diversos modos (vive-se em um tempo e espaços específicos), há vários processos ou cursos de vida históricos e sociais. Processos estes que, segundo Featherstone (In: Debert, 1994: 53), desconstroem o curso de vida padronizado. Pois, se o tempo de vida vivido pelas pessoas é diverso, torna-se salutar empreender um estudo do modo como este tempo é culturalmente organizado por grupos/categorias profissionais específicos, em espaços determinados. Não vale mais homogeneizar e/ou universalizar o fenômeno da velhice.

De acordo com Debert (1994), a chamada *máscara da velhice* (referente às propriedades aversivas dela: limites físicos, perda da beleza, inutilidade etc.) vem cedendo lugar a uma imagem do envelhecimento mais positiva e de acordo com os interesses da própria sociedade caracterizada pelo consumo exacerbado do corpo, do belo, do útil. Assim, os meios publicitários vêm veiculando uma imagem da velhice como tempo de capacidade, saúde e atividade que deve ser devidamente considerada, de maneira a não universalizá-la, na tentativa de situá-la em contextos específicos de vida. Desta forma, despir o idoso de sua roupagem (Stano, 1994) é uma tarefa que supõe o comprometimento com aquele que habita, que conquista e ocupa um lugar que lhe cabe no social, sem estigmatizações e/ou modelos predeterminados.

Importante considerar que a velhice apresenta-se na sua heterogeneidade, advinda da diversidade de situações, de contextos históricos e socioeconômicos nos quais o sujeito vai se construindo como ser em vida (no curso de vida). De acordo com Debert (in Neri e Debert, 1999), ocorre atualmente um embate entre duas concepções de velhice, que buscam explicar, teoricamente, o processo de envelhecimento e que, dessa forma, enquadram-no em conformações que ora estereotipam a velhice como algo feio, doloroso e sofrido (meramente biológico) ou considera o ser em envelhecimento um modelo para a sua própria negação, ou seja, adiando, por meio de produtos de consumo e de um estilo de vida que não considera o curso de vida. Assim, torna-se necessário recuperar o contorno dessas leituras e desses enquadramentos a fim de evitar generalizações, eufemismos ou fatalismos em relação ao processo de envelhecimento. Na excessiva busca por novos mercados de consumo, a mídia e a indústria da propaganda vêm criando uma imagem de velhice em que se desconsidera as singularidades de seu curso, modificando e impingindo perspectivas novas ao envelhecimento. Tal movimento pode ser detectado no investimento que vem sendo efetuado no turismo, nas chamadas "universidades de terceira idade", nos clubes de idosos, nas luxuosas casas geriátricas etc. A experiência contemporânea apresenta aspectos que sugerem uma modificação na forma como vem se tratando a questão do envelhecimento, sublinhando a pauperização biológica e inevitável do ser velho que precisa de cuidados e que persegue um discurso gerontológico unilateral, desconsiderando elementos determinantes e configuradores como a cultura, as relações produtivas, o mecanismo de exclusão social. Em outro extremo, tem-se um discurso estético e que desconsidera os limites e os condicionantes biológicos que conferem singularidade a esse período de vida, equiparando a velhice a um mercado consumidor emergente e promissor, porém, desconsiderando o processo paulatino de exclusão desse discurso.

Na vertente da Psicologia do Envelhecimento, explicitada por Neri (1995), um novo conceito vem sendo utilizado. Trata-se da noção de *"tempo intrínseco"* que supõe, além das condições determinantes biológicas do processo de envelhecimento, as determinações dos ambientes físico e social. Nesse sentido, leva-se em consideração não apenas aspectos universais, mas também fatores e ocorrências fortuitas no decorrer do curso de vida. É o que a autora denomina de *"envelhecimento intrínseco"*, caracterizado por uma série de transformações comportamentais que se organizam de modo singular dando o formato da individuação. Dessa maneira, o envelhecimento pode ser encarado como um processo com determinantes não apenas biológicas, mas, sobretudo, uma composição múltipla de elementos socioculturais que, muitas vezes, independem da idade cronológica. Seguindo, ainda, as trilhas da teoria do curso de vida, pode-se investigar o tempo intrínseco de professores/as no curso de seu próprio envelhecimento, a fim de desvelar as possíveis marcas da profissão na gestão/vivência da velhice.

> Velhice bem-sucedida é assim uma condição individual e grupal de bem-estar físico e social, referenciadas aos ideais da sociedade, às condições e aos valores existentes no ambiente em que o indivíduo envelhece, e às circunstâncias de sua história pessoal e de seu grupo etário. Finalmente, uma velhice bem-sucedida preserva o potencial individual para o desenvolvimento, respeitados os limites da plasticidade de cada um. (Neri, 1994:34)

O lugar da singularização

> (...) é o lugar onde todos nós nascemos, vivemos e morremos, onde nos constituímos como unidade (...).
> (Carone. In: Lane e Sawaia, 1995:16)

Para Heller (1991), o cotidiano é o núcleo da vida humana, é a esfera que permite a todo ser humano sobreviver num mundo posto culturalmente. Assim, pelo cotidiano, o homem se humaniza, no sentido de apreender instrumentos simbólicos (linguagem), usos e costumes, bem como a manipulação de objetos. Se é na esfera do cotidiano que o ser humano se singulariza e se constitui como tal, cabe um estudo sobre o processo de envelhecimento desvelar as condições e as particularidades que preenchem a cotidianidade na definição de cursos de vida e, especificamente, do envelhecer de velhos/as professores/as.

O resgate da subjetividade humana favorece tratar de sujeitos concretos, determinados pela pluralidade da vida social, desde fatores econômicos, passando pelos culturais, até aspectos particulares de percurso de vida. Avançando os estudos de Habermas (Monteiro, 1995), a subjetividade resgatada perpassa a importância da ação comunicativa nas relações estabelecidas cotidianamente entre indivíduos. Assim, a intersubjetividade permite a construção de subjetivações[5] e de objetivações complexas que ultrapassam a noção marxista de ideologia. Pensar o sujeito como processo resultante de ação comunicativa supõe

---

5. Deleuze (1988) destaca que a subjetivação é sempre uma relação consigo que resiste aos códigos e aos poderes e se faz por dobras, seja individuais ou coletivas. Pode-se desdobrar em resistência ou em sujeição às exigências do poder, das normas, dos agenciamentos.

inseri-lo num contexto determinado de atores sociais, pois subjetividade e objetividade são instâncias que se constituem e uma necessita da outra. A subjetividade antes de ser individual é coletiva, apresentando continuidade entre o fora e o dentro. Tal objetividade do mundo relaciona-se ao conceito de ordem capitalística (Guattari & Rolnik, 1996) em que esta produz os modos das relações humanas, entre passado, presente e futuro. Ou seja, a ordem capitalística significa "fabricar a relação do sujeito com o mundo e consigo mesmo. Portanto, é em relação ao lugar que o sujeito ocupa no mundo, que a sua subjetividade se constitui" (Grisci, 1999: 101). Tal subjetividade, constituída por fatores econômicos, sociais e tecnológicos, pode expressar ou uma relação de alienação e de opressão (subjetividade inautêntica ou denominada de processo de individuação) ou uma relação de expressão e criação (subjetividade autêntica ou denominada processo de singularização), em que há uma possibilidade de subversão da modelização de subjetividade.

Assim, essa vertente teórica resgata o sujeito, suas particularidades e sua construção subjetiva, delineando a maneira como este objetiva o seu próprio viver, ou seja, constrói sua realidade com o outro. Pois, de acordo com Morin (1999: 35), a subjetividade é uma questão do sentido, ou seja, subjetividade como "a capacidade de receber o sentido, de fazer algo com ele e de produzir sentido, dar sentido, fazer com que cada vez seja um sentido novo". Estudar o ser velho nessas dimensões favorece o desvelamento de suas próprias impressões, perdas e ganhos quanto ao envelhecer, bem como propicia a identificação das possibilidades históricas de um segmento social que começa a se articular politicamente em prol da melhoria de sua qualidade de vida. É como um movimento que, dito por Morin, é a possibilidade de um trabalho lúcido de si. Por isso, o ser sujeito é sempre um projeto, porque em parte já realizado e, em outra, com possibilidades de realização.

O exposto corrobora a relevância do estudo do envelhecimento a partir do cotidiano, buscando identificar os aspectos objetivos que são subjetivados a fim de se obter novas objetivações. A articulação objetivação-subjetivação denota o esforço de novos arranjos na modificação de um mundo posto. O envelhecimento, visto como processo similar, necessita ser desvelado a partir de seu próprio referencial, em que se podem verificar os universos de pensamento de sujeitos em envelhecimento, situados num espaço determinado.

CAPÍTULO II

O SER-NO-TEMPO: TRABALHO E APOSENTADORIA, CONTRATEMPO?

Envelhe(cendo): o ser-no-tempo

> *"Um trem de ferro é uma coisa mecânica, mas atravessa a noite, a madrugada, o dia, atravessou minha vida, virou só sentimento."*
>
> Adélia Prado, 1991:48c

Ao considerar o envelhecimento como um objeto de estudo e ao colocar a velhice como foco de atenção como invenção histórico-cultural, a relação do envelhecimento com a questão do tempo é uma questão que subjaz esta proposta.

A questão do tempo conduz à relação entre vida e morte. De acordo com Loureiro (1998), a postura e a relação que se estabelece com a velhice resulta da idéia que se tenha da morte e do morrer. Portanto, ligada à temporalidade e aos seus significados durante a vida. Esse autor corrobora tal assertiva considerando que compreender a morte é ponto fundamental para se entender melhor a vida. E, correlativamente, desvelar os significados do processo de envelhecimento supõe, também, essa compreensão de morte, porque de vida. Pois a velhice "não é apenas uma categoria de idade cronológica, nem de degenerescência física e mental: é um período de vida (...) apenas uma fase diferente de vida, quem sabe a última, mas ainda vida" (Loureiro, 1998: 21). A consciência da morte, além de depreender objetividade, por ser um fato reconhecível pelo ser humano, supõe também uma subjetividade, pois "(...) o homem não aceita a morte, afirma-se diante da morte com uma crença na imortalidade" (Roger. In: Pena-Vega, 1999: 99), buscando preencher essa fissura no estar-no-mundo, de forma temporal, a partir da noção de finitude e de realizações e transformações necessárias.

> "O encontro entre a consciência de si e a consciência do tempo determina a consciência de viver no tempo e de ter de vivenciar a morte" (Morin apud Roger. In: Pena-Vega, 1999: 99).

A temporalidade na velhice pode ser encontrada na obra sartriana, cujo autor a considera um irrealizável, por transcender a consciência, sendo percebida mais pelo outro do que por mim mesmo. Assim, por se constituir uma temporalidade, a velhice se nos apresenta como um processo diverso no tempo e no espaço, no movimento histórico e nos cenários socioeconômicos deflagrados na trajetória da existência humana. Pois usando as palavras de Castoriadis (1999: 101), "E cada um de nós possui seu espaço e tempo próprios".

Dessa forma, a velhice se con-forma e assume características próprias de acordo com os mecanismos de construção da realidade e das ideologias que a justificam ao longo do tempo das sociedades humanas. Se houve um tempo na História em que a velhice tinha seu lugar e sua função preservada (na Grécia, os velhos nobres eram conselheiros, por exemplo), sempre o espaço da valorização do ser velho esteve dependente do seu lugar na divisão de classes. A velhice considerada e valorizada era a velhice produzida pelas classes abastadas, dominantes, garantidoras de poder econômico e/ou prestígio político. Pois a velhice dos povos mais oprimidos foi, na Revolução Burguesa, confinada aos muros dos asilos que, mais que acolhida, foi sendo escamoteada, retirada das vistas daqueles que não suportavam a paisagem de rugas e de degenerescências físicas. O tempo, pois, do envelhecimento está no espaço da economia e da sociedade industrial.

> (...) as divisões temporais que se apresentam têm, na produção, o seu eixo catalisador. Produz-se outros espaços temporais que servem tão-só para a manutenção da estrutura laborativa em funcionamento. (Morais, 1998: 47)

O fortalecimento e a hegemonia do capitalismo no mundo moderno reforçam o desvalor do/a velho/a por se constituir em força de trabalho obsoleta, em mercadoria gasta e descartável. Bosi (1994: 35) é contundente nesta leitura ao afirmar que "a sociedade industrial é maléfica à velhice". Maléfica ao restringir e mesmo extirpar as possibilidades da velhice nas relações sociais, valorizando apenas o ser útil aos mecanismos e aos interesses de lucro, produção e consumo de bens. Nega-se o tempo de vida vivido, exclui-se a potencialidade da memória, da lembrança, da evocação. Pois, mesmo o vivido, o experienciado entram no jogo da mera empregabilidade, do uso e da vantagem material. Todo esse processo modelador do ser-estar-no-mundo forja o que Morais (1998) considera como sendo "subjetividade capitalística", regulando modos de ser e de viver a temporalidade. O tempo, neste processo, se reifica como "Cronos" (tempo-medida), mera mensuração que considera a objetividade em detrimento do Ser. O tempo, como *kairós* (tempo-vivido), desaparece como possibilidade, pois que significados e consciência efetiva de nossa existência não correspondem aos ditames da sociedade industrializada, automatizada, atomizada, robotizada. Ou seja, a velhice vai sendo congelada, coisificada e imobilizada por se negar o seu movimento, seu sentido de movimento que torna o seu tempo o tempo do *kairós*, dos significados e das possibilidades. Sendo o tempo uma dimensão essencial do ser humano, esse processo de controle e homogeneização sobre ele resulta num impedimento de construção de sentidos próprios, particulares (por isso, gerais) de cada sujeito. Ou seja, impede o sujeito de construir sua própria história, destituindo o ser histórico do/no estar-no-mundo.

> Ponteiros girando, contando o tempo em histórias encantadas. Ponteiros marcando vida no rosto em sorrisos suaves ou gargalhadas violentas. (...) Ponteiros rodaram cantando canções de ninar, ensinando beabá, mostrando caminhos na tentativa insana de cumprir destino. (...) (Gouvêa, 1999: 81)

O ser da velhice é um ser-sendo, pois este sujeito, em movimento, retoma o passado vivido num presente que lhe escapa e lhe aponta um futuro finito, porque próximo à possibilidade da morte, da finitude. Nesse movimento, o tempo, como *kairós*, mesmo que negado pela sociedade moderna, encontra-se inerente aquele/a que vive e processa seu viver, sendo-se ser velho/a. É um movimento de vida, um viver similar às palavras de Heráclito: "morrer de vida, viver de morte".

O tempo como *kairós* fortalece o espaço da memória na própria manutenção do movimento identificatório (subjetivação de si) ao possibilitar o encadeamento, via presente, de um passado e de um futuro que nos remete o sentimento de que somos um eu. Por isso, o tempo da memória será sempre o *kairós*, pois carregado de significados que se apresentam à lembrança para um exercício de permanente reconstrução de si, pela retomada do vivido e do experienciado. Porém, o excesso de memória, a vida vivida apenas como vida lembrada, pelas recordações e relatos de velhos/as, pode traduzir, apoiando-se em Nietzsche (1983) um desestímulo da vida que ainda pode ser experimentada. Ou seja, o uso do tempo como *kairós*, pela evocação da lembrança, quando ultrapassa e impossibilita o presente pode ser um sintoma de que o futuro causa tantas desconfianças e impossibilidades, que não vale a pena construir projeções e alimentar sonhos. Tais aspectos são postos como características que compõem a velhice, como se o vivido no "agora" não significasse o suficiente para ser pensado, lembrado ou evocado. Assim, negá-lo por uma outra evocação, de um outro tempo, torna-se um meio de transformar o instante presente num mero intervalo de um passado lembrado.

O tempo, mais que simples cronologia, é um veículo portador de sentidos que imprime às experiências e à vida vivida um contorno que singulariza e conforma o sujeito. O tempo como "a história é a linha de demarcação da identidade" (Matos, 1989: 13). É, pois, na trajetória e na retomada permanente do ser-no-tempo que é possível desconstruir o sentido da elaboração de subjetividades que se forjaram nos ambientes profissionais, nas nervuras do cotidiano, tecendo linhas e elaborando significados a partir das experiências vividas. Assim, usando-se o percurso desconstrutivo do Cronos, para se revelar o *kairós* das histórias pessoais, pode-se compreender de que forma as marcas da profissão se fazem presentes na ausência da atividade produtiva, no tempo do "não-ser".

Pelo tempo se trabalha a memória e se recompõe um mundo de subjetividades que vão se fazendo na cotidianidade de um passado que permanece na lembrança e nos gestos, de reminiscências que revelam um estar-sendo porque carregado de sentidos. É neste movimento do que foi, do que se viveu, que é possível se constituir o que se será. Ou seja, ao despir a fragmentação do trinômio passado-presente-futuro pode-se subverter e recuperar o sentido mesmo de uma existência que, muito além da recordação, é um processo que se mantém articulado com o viver e com o estar em envelhecimento. O tempo, pois, desfragmentado, pode ser evocado como perscrutor do sujeito se fazendo na história. Ao contrário do tempo do relógio, que, segundo Matos (1989), é o tempo homogêneo e vazio, o tempo da recordação é o tempo do calendário, pois, marcam e capturam o tempo em "pontos de concentração". Tal assertiva propicia a transgressão do recordado, porque transportado e atualizado e re-significado como mundo-vivido e experienciado. Ou seja, presentifica a vida vivida e aquela por vir. Esse é o *kairós*, o tempo do calendário, da desconstrução do sujeito que toma a memória como possibilidade de ir além do vivido. Uma memória não acabada, cristalizada em recordações, mas uma memória habitada pelo movimento, pela atualização do passado num presente que já é um futuro, pois se apresenta como possibilidade. Justamente memória que é transitória pela sua própria eternização no movimento, na re-significação de cenas, atores, texto e palco, pois, "é percorrendo o bosque do outrora que a moda fareja a fragrância do atual" (Matos, 1989: 35).

O tempo-medida, cronológico e puro *kairós*, ao ser refutado e presentificado, pode recuperar a "(...) variedade de cores do tempo vivido, (...) sendo o tempo do cotidiano aquele mais sentido "do que medido (...)" (Vaselli. In: De Masi, 1999: 204). Recuperar o passado e as lembranças supõe a relevância do tempo sentido, vivido que não nega o presente. Ao contrário, investe-se do presente, nas ações, nos rituais do cotidiano, de seus símbolos, das relações estabelecidas a fim de re-significar o vivido, na busca de outros olhares e de outros tempos.

Assim, ao se considerar o tempo como história e como movimento, transgressão e repleto de "agoras", o processo de envelhecimento está carregado da juventude que foi, e o ser inativo, distante de seu *locus* profissional, carrega consigo a subjetividade crivada no exercício da atividade produtiva. Na aposentadoria está o profissional que se foi e que, portanto, ainda se é. Se é pela lembrança, pelas marcas de um tempo que fez o sujeito como sujeito-trabalhador. O/a professor/a tem, consigo, em seu discurso e em sua narratividade, pedaços e retalhos dos momentos que viveram e que foram construindo-o/a ao longo dos anos passados nas salas de aula, entre carteiras e alunos, quadros-de-giz e cadernos.

Considerando o tempo como institucional e marcador dos ritmos da atividade social (vidas reguladas coletivamente), pode-se destacar a questão de, em relação ao/à aposentado/a, o tempo modificar as ações antes ritmadas pela própria instituição escolar e pelo cotidiano profissional, passando a constituir-se num tempo controlado subjetivamente. Após anos e anos vivendo em um ritmo institucionalizado, em que a fragmentação do tempo supõe um corte nos tempos do cotidiano, o/a professor/a depara-se com um tempo des-institucionalizado que lhe causa certo estranhamento. Pois os significados que faziam parte de seu cotidiano profissional vão ser, agora, buscados pela memória, pelas lembranças, pelas marcas deixadas na interioridade do ser velho. Assim, no tempo da aposentadoria, o recuperar um tempo não dividido e nem predeterminado pelas instituições pressupõe minimizar as repetições e iniciar um processo de negação do tempo objetivo, "seja daquele tempo biológico indicado pela morte como fato final, seja daquele tempo coletivo, freqüentemente vivido como externo e irreconhecível, coercitivo e deformante" (Vaselli. In: De Masi, 1999: 207). O tempo vivido no cotidiano passa a preencher-se de eventos que rompem a continuidade, sendo o evento maior a própria desinstitucionalização do tempo, ou seja, a aposentadoria e o tempo que se torna "livre". Tal ruptura do tempo institucionalizado, que, de certa forma, confere segurança e reafirma formas identitárias, pode provocar descontinuidades de práticas graças ao despreparo dos trabalhadores no uso do chamado "tempo livre",[6] de acordo com as idéias desenvolvidas por De Masi (1999b).

Pelas evocações de velhos/as professores/as pode-se observar que o tempo para esses sujeitos confere ao passado as marcas postas pelo próprio presente, legando ao vivido o sentido traduzido pela vida vivida na "agoridade". Sendo, pois, a realidade temporal a realidade do instante (porque do cotidiano), pode-se supor que o tempo é fundamentalmente descontínuo, tornando o passado um presente revisto. Essa atualização do revivido permite ao sujeito que envelhece "compartilhar o reconhecimento de si mesmo, sendo reconhecido pelas pessoas da história de seu convívio" (Py, 1999: 36), pois inserido numa coletividade que lhe assegura o seu sentido de existência (ou não

---

6. A questão do tempo livre aprofunda-se neste trabalho na seção que discute o trabalho como categoria central da vida social.

existência). Assim, quando o/a professor/a encontra um aluno que o/a reconhece como tal, de certa forma, sua identidade profissional é realimentada e reconduzida à auto-estima positiva. É uma espécie de tempo reposto num espaço existencial, reconfigurando a imagem idealizada de um tempo que ainda é tempo *kairós* para o sujeito de reminiscências de si. Pois é o outro que nos confere o sentido social do existir, do estar-no-mundo, de se continuar sendo professor/a mesmo quando no tempo do "não-sendo mais".

Aposentadoria: tempo do não-ser no envelhecimento?

> *"Ele (o sujeito) deve enfrentar a si mesmo enquanto pessoa e reinventar novas formas de vida"*. (Santos, 1990:12)

A aposentadoria pode ser considerada como uma comunidade de destino, parafraseando Bosi (1994). Uma comunidade que o tempo traz, nos arremedos da organização produtiva de nossa sociedade, e que se compõe de (apos)entados que experimentam a irreversibilidade desta condição, sendo, pois *"o destino do sujeito observado"*. (Bosi, 1994: 26)

Advinda com a aceleração do processo de industrialização, a aposentadoria se converteu em uma das maiores conquistas do trabalhador, representando uma recompensa pelos seus anos dedicados à atividade produtiva pelo chamado tempo para o repouso. Porém, inerente a esta conquista no interior da atividade produtiva, a aposentadoria representa o afastamento do sujeito de um espaço que lhe conferiu um determinado perfil ou identidade profissional. Afastar-se desse espaço confere ao trabalhador um afastamento relativo dessa identidade construída no preparo e no exercício profissional, podendo forjar um não-sujeito no mundo produtivo. A relativização de tal processo deve-se ao fato de que a identidade profissional, de certa forma, mantém-se nos recônditos do trabalhador conferindo-lhe especificidade conforme o grau de investimento pessoal na carreira que exerceu sua atividade. Conforme expõe Santos (1990), pesquisas mostram que o aposentado vive este tempo de repouso de acordo com os recursos materiais e intelectuais acumulados durante sua vida ativa. Ou seja, a qualidade e a forma de viver a aposentadoria são marcadas pela qualidade e pela maneira de viver o exercício profissional nos tempos de produtividade aliada ao seu valor de mercado.

Os descaminhos das palavras e os significados (des)encontrados

Para Guillemard (1973, apud Santos), a aposentadoria refere-se à perda do próprio sentido da vida, uma "morte social", pelo afastamento do trabalhador do espaço que constituía a rede de relações sociais e afetivas. O referido autor destaca que a aposentadoria, como conquista de todo trabalhador, significou a própria gestão da velhice. Pode-se considerar que o termo "aposentadoria" também corresponde a uma institucionalização da perda da capacidade produtiva. Ou seja, aposentar-se supõe ver legitimada esta incapacidade, ambiguamente ligada à noção de legitimação de uma recompensa pelo tempo dedicado ao trabalho. Ao legitimar o direito ao descanso e ao repouso, o sistema confere deslegitimação da capacidade ao trabalho, forjando o não-sujeito. Esse chamado não-sujeito se percebe fora de um espaço que lhe conferia um papel, uma função, uma capacidade, enfim, de estar e de ser produtivo. A aposentadoria oficializa a negação de uma identidade profissional.

Por que a palavra aposentadoria? Aposentadoria deriva-se do vocábulo "aposento" que significa lugar ou local de morada, residência, habitação de alguém (Caldas Aulette, 1958). Como verbo transitivo, aposentar significa "dar pousada a, alojar, nutrir". Por que o signo foi transformando-se em significados tão distintos, culminando com o adjetivo "aposentado" como aquele a quem foi concedida a "aposentação", entendida como estado de inatividade com vencimento? Ou seja, pelas mutações percebidas do termo e o uso que hoje se faz do mesmo pode-se constatar que a mudança do significado resulta da transformação das práticas sociais que o usaram e que vêm destituindo o sentido do que deveria ser esse tempo e esse lugar da aposentadoria. O aposentado é aquele que habita um não-lugar, ou o lugar do desconforto, do não em-si, de um não estar-no-mundo. Ao se considerar o significado primeiro da palavra aposentadoria e o que, simbolicamente, ela hoje carrega, percebe-se que houve uma transformação paulatina de características que foram se tornando um verdadeiro estigma (Goffman, 1975). Como marca de um processo de deterioração do sentido, porque desvirtuamento da intenção como desconsideração de políticas e de sistemas sociais e econômicos que contribuem não para abrigar e hospedar o trabalhador, mas para marcar-lhe uma identidade negada, pela exclusão ou morte social. Outrossim, a questão do lugar ou não-lugar no sentido posto pela transformação do termo "aposentado" designa uma correspondência ao próprio corpo que se colocará ou não no espaço social. Nega-se, pois, o corpo daquele/a que já não mais se apresenta suficientemente apto ao trabalho, à atividade produtiva e que tampouco atende aos requisitos de beleza numa cultura da juventude, do corpo são e "malhado" nas academias de ginástica.

Por Brecht e por nós mesmos, torna-se necessário desconfiar do que nos parece natural, porque foi na construção deste mundo que fomos colocando-lhe as marcas de nossos descasos, de nossas injustiças, de nossas idiossincrasias coletivas. É preciso resgatar o sentido primeiro da "aposentadoria" como morada e aconchego.

O olhar sobre a aposentadoria

De acordo com a reflexão de Peixoto (In: Veras, 1997:44), a aposentadoria cria uma identidade comum no universo da velhice, em que a disponibilidade e a ociosidade possibilitam (ou forçam) novos hábitos e outros comportamentos para se (pseudo) combater o estigma de "*sou aposentado. Logo, sou velho*". Esse agenciamento que estigmatiza e territorializa os sujeitos na aposentadoria atualmente é mais sutil, por meio dos diversos programas e das atividades que vêm sendo planejados e oferecidos aos chamados improdutivos em nossa sociedade.[7] Tais agenciamentos vêm criando novas formas de se viver o próprio envelhe-

---

7. É o caso das Instituições Educativas que programam cursos para a terceira idade, clubes que desenvolvem atividades de lazer e de turismo para os aposentados. Não se pretende neste trabalho analisar o alcance desses programas, mas apenas pontuar novas formas de agenciamentos que buscam utilizar o tempo de ócio próprio a partir da aposentadoria, criando, assim, paulatinamente, uma nova imagem do/a velho/a, como sujeito de energia, participante, atuante e alegre.

cimento, delimitando e marcando os passos e os espaços possíveis ao sujeito que se depara como um não-ser, numa identidade profissional arranhada pelo não exercício no mercado de trabalho.

No mundo em que o trabalho assumiu a principal referência do sujeito social, a situação de não trabalho reporta a sociedade, na qual dominam os valores utilitários, a considerar o excluído como incapaz, desnecessário e a partir da marginalização das atividades tidas como produtivas, considerá-lo como um não-ser, porque desvinculado do espaço que mais legitima os papéis sociais, ou seja, o espaço do labor. O indivíduo, ao se perceber marginal de um determinado espaço profissional, pode vir a se sentir estranho diante de uma identidade outrora significativa, porque vivida e exercida no *locus* do trabalho. Assim, a aposentadoria pode vir a se constituir num estranhamento de si, configurando uma não-identidade, se não se mantém um vínculo simbólico (significativo) com o trabalho. Tal vínculo simbólico com o trabalho se faz através da manutenção do referencial identitário, não se rompendo graças à preservação pela memória.

Caldas, na mesma obra de Veras (1997), relata sua pesquisa acerca da relação entre indivíduo e trabalho como possível determinante entre indivíduo e velhice. A autora sugere que *"a categoria velho é produzida socialmente a partir da marginalização do adulto em idade precoce dentro do processo de trabalho"*. (Caldas, in: Veras, 1997:123) E ressalta que se torna importante o estabelecimento de vínculo saudável entre indivíduo e trabalho como determinação da qualidade de vida e autoestima na velhice. Pode-se constatar que as lembranças do trabalho revestem-se de uma carga de significação quando a motivação para o trabalho ia além da mera sobrevivência. Ou seja, envelhecem melhor (sendo capazes de suportar melhor as perdas do/no envelhecimento, com sentimentos de dignidade, autonomia e utilidade) aqueles que desenvolveram áreas do conhecimento, durante o exercício profissional e relações afetivas estáveis. As memórias, pois, tornam-se pujantes quando ocorreram militância, superação de frustração, prazer, auto-realização no trabalho.

Santos (1990), ao desenvolver seu trabalho de pesquisa sobre "Aposentadoria e Identidade", aponta algumas linhas teóricas a respeito da aposentadoria, que buscam um olhar que ultrapasse o enfoque desta como um processo de mera adaptação pessoal, porém, olhares que permeiam processos de socialização e de mudanças de papéis sociais advindos do afastamento da atividade produtiva. Citando Guillemard, Santos (1972), indica uma análise do comportamento dos aposentados em relação ao nível das relações sociais, nível do sistema de personalidade e o nível do sistema de práticas de aposentadoria. Tal análise, ao enfocar a questão da aposentadoria a partir do estudo comportamental de aposentados/as, elabora uma tipologia de práticas de aposentadoria em função de sua relação com a estrutura social. O estudo apresenta os diversos tipos de comportamento de aposentados/as, desde aqueles/as que se retraem, convivendo minimamente com o meio social e sem projeto de vida (tipo I); outros/as que se reinserem socialmente por meio de um trabalho pára-produtivo (tipo II); outros/as ainda que se reinserem no social a partir das atividades de consumo, chamadas de aposentadoria-lazer e aposentadoria-família (tipo III); aqueles/as que tornam o tempo da aposentadoria um tempo de reivindicação (tipo IV); aposentados/as que participam da/na sociedade de maneira passiva, principalmente pelos meios de comunicação, numa atitude de passividade ante as informações e a própria condição de aposentados (tipo V).

Santos (1990) explica que Guillemard associa e correlaciona essas maneiras de viver a aposentadoria às posições dos mesmos na estrutura social, a partir do grau de escolaridade, tipo de atividade profissional e do tipo de trabalho desempenhado nos anos de produtividade. Essa abordagem de cunho sociológico indica que a aposentadoria, como fato social, sofre influências de elementos advindos de um sistema de papéis e funções internalizados ao longo de um processo de socialização, que cria e estigmatiza modos de ser e de viver... E modos de aposentar, por uma construção de identidade profissional. Porém, cabe ressaltar que a tipologia apresentada sugere que o sujeito é destituído de sua própria singularidade, sufocada pelo sistema social determinante de papéis e funções e que, conseqüentemente, define a identidade profissional do trabalhador afirmando que "(...) é a identidade profissional que define um sujeito e determina seu lugar na sociedade" (Santos, 1990:11). E, ao definir a identidade profissional do trabalhador pelo seu papel já traçado pelas forças econômicas e pelo sistema social, esta abordagem sugere que o trabalho passa a se constituir uma atividade com um fim em si mesma, ou seja, apenas um meio de exercer papéis e cumprir funções, desprezando a possibilidade de subversão da ordem. Subversão esta que, socialmente, contribui e garante a renovação dessas mesmas funções e a criação de novos papéis. Nota-se que tal teoria destitui o sujeito da sua capacidade de ser, de contradizer o instituído e instituir o novo a partir da negação. Nega-se o sujeito na sua imanência histórica e psicológica, que pode avançar e estabelecer outras redes de identidade e outras possibilidades de ser-no-mundo.

Pode-se também observar que a aposentadoria provoca um movimento de ruptura com o espaço público, recolocando o sujeito no espaço privado, doméstico. Esta abordagem supõe o redimensionamento de significados do público e do privado no tempo do não trabalho. Dessa forma, o espaço público, *locus* da coisa pública, do cotidiano coletivo, de produtividade e de sociabilidade, torna-se, paulatinamente, um não-lugar e, ao aposentado, recém-saído de seu exercício profissional, desloca seus interesses e seus olhares ao espaço privado, o lugar do doméstico, do familiar, de um cotidiano individualizado. Tal processo, contudo, varia conforme o gênero, pois pesquisas apontam para a tendência das mulheres ainda se manterem no espaço público (principalmente as solteiras e as viúvas) a partir da opção de participarem de atividades filantrópicas, de lazer ou trabalho voluntário (Barros, 1998). Essa recolocação do/a aposentado/a nos espaços público e privado, por sua vez, introduz a questão do lugar que estes sujeitos ocuparão nestes respectivos espaços. Os significados produzidos no público e no privado retratarão a forma como os aposentados viverão seu tempo de repouso e, conseqüentemente, sua velhice.

Não cabe tornar, entretanto, a aposentadoria um réu que deva ser condenado pelos danos que causa, mas sim conferir-lhe um desnudamento de suas práticas e efeitos, bem como recuperar o significado primeiro da palavra "aposento". Aposentar-se não pode ser um processo de aceleração do envelhecimento, mas deve ser um tempo-repouso carregado de subjetivações do ser, sujeito de um tempo por vir ainda. Mesmo com rugas, um tempo de dignidade e de labor, porque este acompanha a própria vida. Pois, "(...) cada atividade humana converge para a sua localização adequada no mundo". (Arendt, 1993: 84)

O tempo de aposentadoria pode não ser o tempo do contratempo como posto pelo poeta Drummond. Pode se constituir um tempo de viver e de nascer. Resta desvelar os caminhos possíveis, por meio do já percorrido.

> *(...) Qualquer tempo é tempo.*
> *A hora mesma da morte*
> *É hora de nascer.*
>
> *Tempo, contratempo*
> *Anulam-se, mas o sonho*
> *Resta de viver.*

(Drummond, 1996: 37)

Capítulo III

SENTIDOS E ESPAÇOS DA PROFESSORALIDADE

O sentido e o espaço de uma profissão: o professorar

> *"A percepção do outro (...) é uma das formas pelas quais nos reconhecemos como iguais e diferentes ao mesmo tempo".*
>
> Oliveira, 1999:14

Profissão, segundo Sarmento (1994:38), numa abordagem sociológica, pode ser entendida como "o desempenho de uma atividade humana, apoiada num saber e em valores próprios, possuidora de atributos específicos e como tal reconhecida pelo todo social e confirmada pelo Estado". Assim, a profissão caracteriza-se por um conjunto de atributos que singulariza o desempenho de sujeitos que dominam um certo aparato técnico e uma terminologia própria, assegurando, assim, um saber específico e partilhado por seus membros. Conforme esse autor, o conceito de profissão é um conceito que varia pelos movimentos legitimadores das atividades profissionais, porque dependentes de um processo social de emergência e afirmação de determinados grupos sociais, convertendo-os a segmentos profissionais diversos. Cada profissão se instala socialmente, como tal, pela necessidade histórica do próprio desempenho no social bem como graças a um conjunto de saberes e de regras e valores que norteiam os sentidos desta chamada ação profissional. No entanto, o conjunto dessas normas e valores, saberes e regras que caracterizam uma profissão sofrem modificações e se restabelecem cotidianamente, seja pela confirmação ou negação de discursos, produtos e produtores do próprio estatuto do exercício profissional. Corroborando tal assertiva, Dubar (1997), comentando as análises feitas por Hugles, enfatiza que a profissão pode ser descrita como uma categoria que implica julgamento de valor e de prestígio se considerar a profissão uma carreira. Há também o sentido da profissão como um meio de socialização, em que, pela formação e atuação profissional, se interioriza um conjunto de visão de mundo, pensamentos, valores, posturas e significações que permeiam o mundo do trabalho.

A profissão é um elemento que integra a denominada "trajetória vivida" que designa "a forma como os indivíduos reconstroem subjetivamente os acontecimentos de sua biografia social que julgam importantes" (Dubar, 1997: 108). Assim, o processo de construção de uma identidade profissional está inserido num arranjo amplo de mundos vividos e processados subjetivamente, no caso, pelos/as professores/as em questão. Ou seja, a escola é um espaço na conformação e estruturação de um modo de se elaborar uma identidade de ser-estar professor, que resulta de tensões e contradições internas ao âmbito do exercício profissional e social.

> Portanto, e desta perspectiva, para o homem ser não é apenas uma possibilidade de manifestar-se, de aparecer modalizando seu próprio aparecer, mas ser é, também, uma questão. (Critelli, 1996:48)

Cada profissão se constitui, pois, a partir de práticas e de discursos engendrados na sistematização e norteamento destas práticas. Uma ação profissional é, dessa forma, resultado do discurso incorporado à cotidianidade de sujeitos na atividade produtiva. Esse sentido sociológico enfocado por Sarmento nos remete à necessidade de pensar a profissão como um conjunto articulado e processual de meios e fins do desempenho humano, tendo em vista um determinado fim social, porque constitutivo de uma organização institucional. Tal desempenho se inicia ainda antes da inserção do sujeito no mercado de trabalho, quando este está nos cursos de formação e vivendo situações hipotéticas vinculadas ao exercício profissional. Em relação à carreira docente, pela singularidade de uma profissão em que os anos de estudo já conferem certa noção e determinados modelos advindos das experiências vividas como estudante, a profissão ainda não desempenhada já traz, na "vivencialidade", certos significados que levarão marcas no exercício docente. A profissão docente é uma profissão marcada, pois, não apenas pelos cursos de formação específicos, mas, também, pelos anos em que esses sujeitos se fazem professores ainda como alunos, do Ensino Fundamental e Médio. Compreender, pois o processo da profissão docente supõe resgatar a historicidade em que este caminho se faz, ou seja, considerar a história do sujeito e do grupo como co-produtores de saberes teórico-práticos do exercício do magistério.

Uma profissão pode ser abordada também como um campo de interação, em que, sincronicamente, se estabelece como um espaço de posições e, diacronicamente, como um conjunto de trajetórias. Bourdieu (1996) destaca, sob tal óptica, que cada sujeito, no exercício de sua profissão, se localiza em determinadas posições sociais no interior de espaços de interação, traçando, pois, trajetórias específicas, porém, correspondentes ao campo de interação inserido. Essas posições e trajetórias são, em certa medida, determinadas por um volume específico de capital ou tipos variados de recursos, específicos aos campos de interação (exercício profissional, por exemplo). Os principais recursos são: capital econômico, simbólico e cultural. Esses recursos embasam a ação e a inserção dos sujeitos nos diversos meios sociais nos quais o indivíduo se insere e, por conseguinte, lhe conferem especificidade e certa legitimidade nos resultados de seu trabalho. Assim, a profissão caracteriza-se por um conjunto de suportes materiais e não-materiais que determinam e corroboram tipos específicos de trajetórias e de espaços de posições.

A docência como atividade remunerada inscreve um capital econômico que não representa a substancialidade condizente com a importância da atividade para a sociedade ocidental. O capital econômico, pois, pode representar uma possibilidade de ascensão social quando o sujeito que investe na carreira do magistério advém de classes sociais menos favorecidas economicamente. Ao assumir a docência, o/a professor/a carrega consigo, mais que este capital econômico, a relevância de certo capital cultural, convertendo-se em sujeito que detém uma quantidade significativa de conhecimentos e habilidades que, socialmente relevantes, compensam a escassez do capital econômico. Os méritos acumulados, o prestígio e o reconhecimento que conferem legitimidade ao capital simbólico apresentam-se como o fator central na escolha e permanência desses sujeitos nesta profissão. Assim, o ser professor se capitaliza pelo simbólico, mais do que pelo elemento econômico, pela singularização da atividade profissional estar diretamente relacionada à pessoalidade e aos *feedback* afetivos que recebe de seus alunos.

Esses campos de interação e, especificamente, as profissões, no caso, o magistério ou docência, são criados e recriados por convenções e regras que implicitamente caracterizam práticas e ações, comportamentos e gestos, atitudes e valores e, como tais, corroboram uma singularidade a cada instituição. Assim, a instituição educativa, como agenciadora/produtora de práticas e costumes, modos e ações marcados pela necessidade de resultados efetivos no processo educacional, cria uma especificidade que corresponde ao chamado "capital específico", que constitui, também, os recursos disponibilizados para o/a professor/a. Este capital específico, para Bourdieu, representa a singularidade posta, exercida e manifestada (implícita ou explicitamente) pelos sujeitos que se inserem em campos igualmente específicos de interação. Porém, tais especificidades não ficam imunes às influências de outros campos de interação, que formam igualmente, de maneira singular, seu *habitus* profissional. Há, pois, uma interconexão, uma rede que configura permeabilidade e que recompõe, continuamente, esse conjunto de características, capitais/recursos econômico, cultural e simbólico ao capital específico às variadas profissões. Como cada sujeito, inserido num mesmo campo de interações, sofrendo a influência de um mesmo discurso, filtra e "ressignifica" tais dados e construtos?

A escola, como instituição social, é um local carregado de sistemas simbólicos, por ser um espaço privilegiado de trocas simbólicas, de criação e reprodução de mensagens, de gestos e linguagens. Ou seja, como espaço marcado pelo encontro e em que o trabalho se realiza por meio da intersubjetividade, o sujeito que ocupa e constrói este lugar é sempre um sujeito que partilha códigos e signos. Tais instrumentos de codificação e decodificação permeiam a atividade profissional da ação docente, conferindo-lhe uma sobrecarga de significados que traz consigo uma prática que ultrapassa um simples conjunto de métodos e técnicas de ensino. Se cultura é cultura pensada, de acordo com Walter Benjamin (1987), ela se produz e se faz nas relações sociais que vão sendo tecidas ao longo da existência humana. Assim, a cultura escolar, mais que um conjunto de práticas e de discursos, de um determinado tempo e lugar, apresenta-se como os sentidos que as experiências no interior da sociedade vão sendo elaborados no movimento da subjetivação. Este enfoque coaduna com a discussão sobre formas identitárias desenvolvida por Dubar (in Nóvoa, 1995b) que supõe a dinâmica das identidades sociais e profissionais como um processo simultaneamente estável e provisório de sucessivas identificações. Esta dinâmica se consolida na articulação entre as transações objetivas dos processos relacionais e entre as trajetórias vividas pelos sujeitos. Assim, o engendramento de formas de ser (processos de subjetivação) se dá por articulações sociais e profissionais, pessoais e coletivas, em provisoriedades que destacam o ser-no-mundo. Identidades não devem ser consideradas cristalizações de modos de ser, mas é necessário vê-las como resultantes de negociações entre sujeitos co-partícipes do mesmo espaço-tempo profissional (a escola, no presente enfoque). É, desta forma, um jogo entre sujeitos (intersubjetividades) que favorece a não cristalização de formas identitárias, permitindo o movimento das subjetividades dos seres socioprofissionais.

De acordo com Borba (1999:16) é importante empreender estudos sobre identidade do/a professor/a como um movimento crítico-reflexivo, enfocando os seus percursos pessoais e profissionais. Pois nesses percursos o/a professor/a produz seus projetos de vida, produzindo sua profissão.

Seguindo a trilha da indagação acerca do ato e da função de "professar", Silva (1995) detecta, em meio ao desânimo e às auto-imagens maltratadas por uma carreira pouco valorizada, que retira aos poucos do/a professor/a a autonomia de seu "professorar", uma sensação de estranhamento e de alheamento ante a dinâmica de suas próprias aulas. O que as narrativas revelarão aqui talvez seja um tipo de professor/a que não mais encontraremos nas nossas escolas, principalmente nos estabelecimentos públicos. Se os contextos histórico e social interferem e formatam a construção de identidades profissionais, num momento de aniquilamento e de constante desvalorização do ser professor, provavelmente se essas hodiernas maneiras de se viver o magistério persistirem, o processo de envelhecimento desses profissionais poderá ser reconfigurado e necessariamente outras dimensões aparecerão. Assim, ouvir e detectar os caminhos, refazendo-os do seu final para o seu início talvez seja uma maneira de buscar o ainda não tão perdido, mas apenas latente em algum recôndito das dobras que vão nos fazendo hoje os/as professores/as que somos. Extirpar o que tem de postiço e superficial, na garimpagem do interior das dobras, das rugas do exterior, tornam o ato de "professorar" uma ação imbuída de significados que podem singularizar o próprio processo de envelhecimento desses profissionais que foram e que, indiretamente, continuam sendo feitos pelos acontecimentos cotidianos de uma vida marcada pelo espaço escolar.

Os professores/as velhos/as aqui considerados são depositários de um determinado tempo histórico e de momentos que compõem a História da Educação Brasileira.

Porém, a professoralidade das narrativas buscadas supõe uma leitura de hoje, do presente, tendo um passado e uma cultura material e simbólica como forro que será descortinado à medida que as lembranças tenham conexão com o vivido no agora. Desta maneira, as marcas das passagens, no tempo e no espaço, se temporalizam e se espacializam na narratividade, formando fios e redes que elaboram a cotidianidade daqueles/as que professaram saberes durante parte significativa de suas vidas.

Espaço escolar: um tempo de subjetivação

> *"(...) a escola não pode ser concebida como um espaço neutro ou problemático, mas como espaço pedagógico, que reproduz formas de experiência de si, nas quais os sujeitos podem se tornar sujeitos de um modo particular".*
>
> Borba, 1999:61

Ao se considerar a subjetividade um processo que se engendra no movimento mesmo da práxis, na permanente inserção e reinserção dos sujeitos nos espaços e tempos sociais e históricos, os/as professores/as, no exercício de sua profissão, vão experimentando e articulando modos de ser. Sendo a subjetividade vivida e assumida precariamente no próprio exercício social, ao se inscrever práticas em determinadas unidades escolares, vai-se cartografando modos de viver e conviver com o grupo no qual se exerce a atividade docente. Desta forma, a escola constitui o espaço em que se forjam subjetividades que se mesclam, se articulam e se introjetam numa musicalidade intersubjetiva, processando os meios e agenciando os modos da professoralidade dos sujeitos. Essa singularização pela atividade profissional carrega, outrossim, códigos próprios e específicos a determinados grupos profissionais que, segundo Bourdieu (1997) compõem o chamado *habitus*. Assim, para o referido autor, *habitus* (considerado o "social incorporado") são disposições interiorizadas que organizam as relações do indivíduo com o mundo, sendo incorporadas a partir do estar-no-mundo, estruturando as práticas e, ao mesmo tempo, sendo estruturadas por elas.

A rotina, as conversas que se estabelecem entre os pares, as formas de comunicação institucionalizadas que vão se ritualizando em atos previsíveis fazem da escola uma agência de processamento de subjetividades que aí vão sendo postas, repostas e também excluídas. Há na literatura especializada (Nóvoa, 1995b) pesquisas referentes ao ciclo de carreira, comparando momentos deste ciclo (exploração, estabilização, diversificação, questionamento, serenidade, conservantismo e desinvestimento) de variadas carreiras e diferenças entre carreiras a partir de estudos transversais. Esses estudos mostram que o profissional do magistério, uma vez iniciado o seu percurso na educação, primeiramente depara-se com um papel já preestabelecido e que precisa ser exercido de acordo com as expectativas gerais da sociedade. Num segundo momento, já mais inserido no percurso da profissão, desenvolve modos de ser e de investir em sua própria capacitação, preocupado e motivado a melhor exercer seu papel de educador. E, por último, há um desinvestimento do/a professor/a, cristalizando práticas e mostrando-se menos permeável às mudanças e inovações. Nesta fase, pode-se considerar que o "outro" encarnado nas próprias relações sociais, em sujeitos concretos, no caso, colegas de profissão e alunos, pode ir efetivando trocas simbólicas em que, indiretamente, vai se delineando o "olhar" para o envelhecimento. Isso pode ser constatado quando professores/as mais velhos/as começam a se sentir rejeitados para algumas tarefas, para assumir determinados cargos etc. Ou seja, começa-se a sentir o envelhecimento pelo olhar do outro e, então, o desinvestimento na profissão torna-se conseqüência desse "evento". Torna-se um disruptor lento e implacável. A aposentadoria, como exclusão, é a subjetividade posta fora do exercício docente. Exclui-se o sujeito do espaço escolar, negando-lhe o direito de estar, porém, permanecendo em sua memória, em suas lembranças os rituais agora distantes, os vínculos estabelecidos e os papéis exercidos. É uma subjetividade que vai sendo exposta não mais naquele espaço, entretanto, permanecendo ainda na temporalidade do ser professor/a. O que, efetivamente, é mantido nessa subjetividade expulsa do âmbito escolar.

A escola não é, entretanto, o único lugar de singularização do/a professor/a. Porém, como espaço de trabalho de pessoas que exerceram suas profissões durante mais de 20 anos, marcas foram deixadas nesses corpos e em suas memórias, configurando um modo de ser e de subjetivar o mundo que não podem ser desprezados. A instituição educacional, como máquina abstrata, é um "diagrama"[8] que, conforme comenta Deleuze (1988) a respeito desta denominação dada por Foucault, é altamente instável e fluido, sendo intersocial e em devir. Ou seja, há possibilidades de rupturas da normatização no espaço escolar por ser o diagrama como uma cartografia que, produzindo um novo tipo de realidade e redesenhando as verdades, faz "a história desfazendo as realidades e as significações anteriores"

---

8. Diagrama "é a apresentação das relações de força que caracterizam uma formação: é a prepartição dos poderes de afetar e dos poderes de ser afetada (...)" (Deleuze, 1988:80).

(Deleuze, 1988:45). Cabe entender o papel que essas marcas e esse tipo de subjetivação ocupam nesses sujeitos fora desse espaço, na temporalidade que lhes confere a História, na aposentadoria e no processo de envelhecimento. O que se perpetua ou o que se rompe nesse movimento de estar e não mais estar inserido/a no espaço escolar? Como se "dobram" essas relações de fora na interioridade do/a professor/a que vai escavando e formando uma dimensão própria e singular?

De acordo com os resultados da investigação realizada por Borba (1999), ocorre o movimento de apropriação dos esquemas da profissão em que se percebe a construção de uma identidade profissional por meio de uma orientação estratégica e de uma posição relacional que resultam de uma trajetória social incorporada pelas professoras nas situações vividas. Nesta pesquisa, apesar de não se ter como foco a questão das diferenças de singularização advindas da idade e do tempo do exercício profissional, pode-se indagar como se processa, durante a prática docente, na articulação afetiva e profissional com seus pares, os/as professores/as no seu processo de envelhecimento como sujeitos biológicos e sociais, aproximando-se da aposentadoria. E em que sentido e quais os significados últimos que, introjetados durante o exercício do magistério, configura o sujeito fora do espaço escolar. No entanto, a autora releva a complexidade de todo o movimento de identidades entre as professoras, destacando também que tal complexidade "(...) indica o caráter contraditório e diversificado da profissão docente quanto ao consenso de um perfil que está constantemente em construção" (Borba, 1999: 214).

Considerando que um percurso de vida é um percurso de formação e que tal processo (movimento) só pode ser acessado a partir de processos parciais de formação, a ruptura resultante do afastamento do exercício profissional pela aposentadoria supõe um processo parcial de formação em que elementos e relações plurais desempenham preponderantes papéis na configuração da recomposição da própria subjetividade. Segundo Moita (In: Nóvoa, 1995a:115), a identidade pessoal (e social) constitui-se de diversos territórios em que o indivíduo vai estabelecendo sua teia de relações. Dessa forma, a identidade profissional é uma construção temporal-espacial em que a relação com os outros (do mesmo território e de outros), na complexidade da percepção interior e exterior, do eu e do outro, tece a identidade de cada um.

Capítulo IV

Tempo e espaço: construções da professoralidade no envelhecimento[9]

Desencantando o trabalho na recuperação do tempo

> *"É preciso criar uma nova condição existencial em que estudo, trabalho, tempo livre e atividades voluntárias cada vez mais se entrelacem e se potencializem reciprocamente".*
>
> De Masi, 1999:25

A sociedade é toda arranjada para preparar o ser humano para o trabalho, para o exercício profissional e nunca se pensou em prepará-lo para o ócio. A identidade profissional é a mais agenciada pelo social, podendo-se observar que até mesmo os/as velhos/as querem continuar trabalhando, temendo o tempo como fantasma de suas vidas. Por uma filosofia da ocupação, a sociedade vai ditando

---

9. Este capítulo faz referência a algumas "falas" dos/as professores/as-sujeitos desta pesquisa, identificados apenas com as iniciais de seus nomes, a saber: professoras A. Z. e A. P. e os professores P. M.; L. A. e O. N.

regras e compondo cenários de atividades que reproduzem lucros e identidades profissionais. E, por esta mesma filosofia, o trabalho torna-se fonte e espaço principal de socialização, destituindo o papel premente que antes tinham a família e as instituições religiosas neste processo de sociabilidade e identidade.

É preciso, segundo De Masi (1999), "reprojetar" a família, a escola, a vida para que o tempo livre seja um tempo do ser e do que o autor denomina de ócio criativo e inverter a posição hegemônica que hoje o trabalho ocupa na vida humana ocidental. E, talvez, nesse sentido, aprender com os gregos a captar e saborear profundamente as sensações e os significados positivos inseridos nas coisas, nos acontecimentos e nas idéias de todos os dias. É a possibilidade de inovar o existencial que o ser humano cria e recria no decorrer de seu estar-no-mundo.

De Masi destaca uma denominada "tipologia dos trabalhadores" a partir dos seus contextos profissionais, enfatizando que o nível mais alto de gratificação (aqueles que trabalham com quem estuda, ou seja, professores, pesquisadores, bibliotecários) se distancia daqueles que exercem atividades de nível mais baixo, porque nada (como os coveiros) ou pouco gratificantes (enfermeiros, padres etc.) em termos de atividades. Num terceiro nível razoável de atividades estão aqueles que trabalham com outros ao lado, como operários, escriturários. É interessante esta classificação à medida que se considera como critério de avaliação a cumplicidade e o partilhamento possibilitado pela atividade exercida pelo ser humano. Assim, quanto mais se tem a chance e a possibilidade de executar tarefas em que o sujeito possa ser sujeito e enriquecer-se como humano, mais alto na tipologia se localiza esta profissão. E os/as professores/as aí se encontram como sujeitos que acompanham o desenvolvimento de jovens que lidam com o conhecimento elaborado, que apreciam a beleza e a inteligência. Pois *"em cada tipo de sociedade os modos de gozo do tempo livre acabam se modelando aos modos de organização do tempo de trabalho"*. (Ibid, 210)

É importante, porém, não fazer do tempo livre um enfado restrito ao consumismo e nem da longevidade uma inércia forçada de aposentadoria. Precisamos operar uma ação qualitativa ao uso do tempo, para que o tempo livre seja um tempo de realização, de prazer, de criação do belo e do permanente na provisoriedade dos espaços plenos de cidadania.

Destaca-se, nesse veio teórico, a reflexão de Lorenzetto (1998) sobre o envelhecimento como processo que atinge o indivíduo em todo o seu percurso de vida marcado por perdas e por ganhos e "até pela possibilidade, oferecida pela aposentadoria, como o tempo para reconstruir um projeto de vida" (Lorenzetto, 1998: 46). Esta autora aproxima-se da definição de Dumazedier (1994) sobre as realidades que envolvem o tempo como muito bem definidas. Assim, o ser humano vive o tempo do trabalho (dedicado às tarefas profissionais lucrativas), o tempo liberado (desobrigação familiar e sociopolítica) e o tempo livre ou o tempo restante (usufruir atividades que não exijam obrigatoriedade). Tal delimitação do tempo refere-se a um certo modo de medir o tempo pelo ciclo de vida humana e restringe o alcance que a reflexão sobre o tempo no envelhecimento pode contribuir mais efetivamente para uma qualidade de vida. Pois tal abordagem fragmenta o tempo e impede sua articulação com o tempo subjetivo, o *kairós*. Por conseguinte, "O tempo não é uma dimensão cronológica medido em dias, meses ou anos, mas sim um horizonte de possibilidades do Ser" (Joel Martins, apud Medeiros,

1998:8). Ou seja, o tempo, tomado como os significados que vão sendo elaborados no decorrer de uma trajetória, confere aos seres humanos as suas próprias possibilidades. Possibilidades de transgressão, de um ir além do proposto pelo ciclo de vida, pelas convenções sociais que articulam modelos e padrões para um certo tipo de uso do tempo.

Assim, o tempo, como possibilidade de Ser, engendra o espaço para o existir. Não apenas se vive num tempo *Kairós*, mas se constrói um mundo e um estar-aí num certo espaço existencial. Tal espaço impede a cristalização do tempo em *Cronos* e configura movimento e renovação à existência, pelo tempo *Kairós*. Destaca-se que este tempo como possibilidade de Ser permite ao Ser continuar o seu Ser-sendo pela construção de novos espaços existenciais. Se, conforme o referido autor, "o homem não está no tempo, é o tempo que está no homem", pode-se perceber que o viver e o ser no tempo constituem formas de manter o tempo nesse existir. Ou seja, manter o vivido, o experienciado, pelas lembranças, pela atualização da própria identidade. Dessa maneira se mantém o tempo, porque ele nos pertence e nos toma de um assalto inexorável. E o/a professor/a mantém-se na professoralidade porque o tempo o/a mantém no seu próprio existir, sendo o sentido do vivido.

Aí está o sentido da temporalidade humana e é justamente o fato de se ser temporal que confere ao ser humano uma trajetória feita de sentidos. Sentidos que não se fragmentam, mas são apresentados por meio de um conjunto de significados que formatam um certo e determinado modo de ser no mundo. Por isso, a velhice, na aposentadoria de professores/as, pode significar não a ruptura, mas a continuidade de um ser-sendo que refaz seu existir no tempo, utilizando-se de novos espaços de habitar na re-significação da própria identidade. E este tempo que tece as linhas de experiências e do vivido é percebido na cotidianidade das pessoas, na maneira como cada um vive seu cotidiano, programa seu ir e vir, seu fazer, sentir e pensar. Por isso, a importância de se considerar o tempo livre como um tempo de ser, no sentido de que não se consegue sair do tempo, pois ele nos domina e nos sustenta em sua rede de laços e fios. Laços e fios identitários. Nesse sentido, o tempo é o elemento que impede a fragmentação, a demolição da identidade profissional, mesmo quando se afasta do *locus* e do exercício da profissão.

O tempo assim concebido permite compreender e destacar o envelhecimento como uma força que congrega o vivido, aquele intensa e quantitativamente vivido que se aglutina e se organiza pela memória narrada, pela lembrança evocada, pelo corpo que transborda esse carregamento de acontecimentos e significados. É o tempo que marca e compassa os gestos professorais de velhos/as professores/as, que define o tom de voz numa fala explicativa, que compõe o tipo de atividade cotidiana que permite uma contínua proximidade com o que já foi sido, sendo novamente em outros espaços. É o *Kairós* que permite a permanência de um certo modo de continuar sendo professor/a, mesmo não mais sendo em sala de aula, mas alimentando esse ser nas conversas, nas trocas com os ex-alunos, na forma de organizar a casa, de buscar a leitura daquele livro que tantas vezes serviu de base para as aulas dadas. É o tempo, sem passado, porque inteiro no presente que se vê no futuro, naquela caminhada que ainda não foi feita e na trajetória que permitiu estar indo.

A construção, pois, desse binômio, envelhecimento e tempo livre, remete à reflexão de que o tempo do envelhecimento é o resultado ou a síntese do tempo vivido do/a professor/a (como *kairós* e *cronos*) e o tempo tomado (porque assumido) da aposentadoria. Assim, viver o envelhecimento resulta de um certo tipo de tempo vivido na profissão e um tempo construído na/pela aposentadoria.

A memória como condutora e mediadora da evocação do tempo, na velhice assume um papel importante de redefinição de identidades. Ao evocar o vivido e manter o temporal do experienciado, promove uma outra maneira de se tornar público o ser privado. Se a aposentadoria caracteriza-se por um retorno ao espaço privado, a memória evocada e alimentada pela narrativa e/ou por um certo tipo de *habitus* (profissional), que acompanha o cotidiano de homens e mulheres velhos/as, impede o recrudescimento da própria identidade. Arendt (1989), ao definir o homem privado como "ausência de outros", pode-se supor que o espaço privado do/a aposentado/a está povoado de elementos do público, em que esses outros aparecem e se tornam presentes pela lembrança, pela maneira de falar e explicar alguma coisa, por um modo próprio de continuar sendo, no privado, o que foi, durante anos, no público.

Assim, o envelhecimento de professores/as não se resume a um retorno ao privado. Mas, por um processo de re-significação do vivido no público, esse espaço privado não existe mais em sua pureza, em seu estado único de "ausência de outros", pois que esses "outros" constituem e se apresentam numa programação cotidiana que permite a manifestação desses "outros". Pode-se observar essa presença sutil do público no privado pelo tom áspero do professor ao telefone mantendo, em sua vida privada, a mesma maneira que lhe garantiu fama e reconhecimento durante seu trabalho docente ou a professora que resgata o caderno com anotações de suas alunas.

A velhice, compondo o ciclo da existência, não acontece de um dia para o outro. É um "acontecimento" apenas como visibilidade pública e elemento de redefinição de políticas sociais e assunto de mídia. Mas, em termos subjetivos, o envelhecimento é um processo do ciclo de vida e paulatinamente vai assumindo contornos físicos, aparentes, que resultam em mudanças paulatinas nas relações familiares, sociais e na condição econômica com a aposentadoria. Porém, este ser que vai envelhecendo carrega consigo um tempo existencial que lhe permite, paradoxalmente, renovar a própria existência, justamente por ser um ser temporal. Isto é, mesmo que a velhice seja um processo que resulta em certo tipo de exclusão (social, cultural, econômica etc.), conforme a profissão exercida e de acordo com os "ressignificados" dados e revistos pela lembrança, há a possibilidade de se envelhecer de maneira que se garanta a sobrevivência da identidade elaborada durante os anos de exercício profissional. Cabe frisar que as idéias relacionando velhice e tempo correm o risco de se revelarem como uma noção de tempo ideologizado, no sentido de apontar o velho como aquele que não investe no presente nem projeta o futuro porque só vive pela e por meio da lembrança. O que se sustenta neste trabalho é menos a idéia de mera repetição do vivido e mais o sentido da lembrança como possibilitadora de um renovar e reelaborar o presente em vistas ao futuro. É o passado sendo posto como elemento constituinte de uma síntese temporal, ou seja, de um processo construtivo de morada em que

> "O Eu só se preserva na medida em que se reconheça a si mesmo em uma continuidade temporal, como um existente sustentado por uma história permanente". (Goldfarb, 1998:109)

No caso dos/as professores/as, pode-se perceber que uma profissão marcada pela publicização de idéias e conhecimentos (professor=professorar, dizer em público) não envelhece no sentido de adormecer na subjetividade. Nas dobras interiores, nas lembranças, nas evocações e nos encontros com ex-alunos ou no simples saber do sucesso de outros ex-alunos, há no/a professor/a uma revitalização/ atualização de sua identidade profissional, mantendo e atualizando o *habitus* incorporado no exercício do magistério. Portanto, há, no/a professor/a velho/a, permanente traço e vestígio do/a professor/a que proferia palestras, que liderava grupos, que impunha disciplina, que selecionava conteúdos e que formava o outro com sua ação pedagógica. E essa mistura de tempos das gerações (o/a professor/ a e os/as alunos/as) resulta num certo tipo de envelhecimento por manter, na memória e nos novos lugares sociais, a circularidade entre cultura docente e cultura discente (tão presente e intensa durante a prática de magistério). Essa incorporação e sua manutenção de elementos da prática profissional conferem ao docente o sentido de, temporalmente, manter-se na profissão, atuando num outro espaço. Num espaço que, privativamente, confere um certo vestígio do público e é aqui que o ser temporal garante o seu espaço existencial.

Uma história que define e redefine o homem como o ser que contém o mundo, pois o homem é o lugar mesmo em que o existir acontece. Existência que supõe um ser para-si e um ser para-o-outro, ou seja, existir é um estar-no-mundo, construindo o seu mundo privado e seu espaço público. Mesmo não-sendo para o mercado de trabalho um/a professor/a, este ser continua, no envelhecimento, sendo professor/a de uma outra forma, constituindo outros espaços. Espaços privados de exercício público (quando o professor de cálculo torna-se estudioso e leitor de obras matemáticas) e espaços públicos de exercício privado (quando a professora continua a docência usando o microfone da rádio). Dessa forma, a temporalidade garante ao ser humano a manutenção e, ao mesmo tempo, a redefinição de seu próprio ser, revelando as teias de continuidade por meio dos nós das rupturas (como o acontecer da aposentadoria). Tecendo vidas e configurando formas existenciais sem a perda do tom. Ou seja, buscando outros caminhos, preenchendo outros espaços (voltando a estudar, retomando a apicultura, ocupando a locução semanal), mas levando consigo o tempo de uma existência, o tempo de um viver.

De acordo com Bianchi (1993), há um "jogo com o tempo" conforme a estrutura psíquica e com o estágio de vida, por isso há uma certa maneira de ser no tempo que pode revestir-se de diferentes modos. Nesse jogo, no envelhecimento, a memória talvez seja um jogo definido pelo compasso das lembranças e pelos significados da memória em relação ao ser que continua e se reconhece temporal, portanto, ainda sendo naquilo que já não exerce no espaço público. Por isso, a importância de se estar investindo num olhar sobre a docência como um dos elementos que congregam esse jogo com o tempo, conferindo ao ser existencial uma singularidade. Singularidade esta expressa não nos restos, no que ficou de tudo que se viveu durante o exercício profissional, mas uma singularidade marcada por todo o tempo que não se cala e nem se fragmenta, mas que toma o sujeito em sua inteireza e assim, pela memória, não há passado, há o vivido incorporado e revisado num presente carregado desse ser que continua sendo professor/a.

Envelhecer supõe encontrar vias de expressão adequadas a um desejo de se reconhecer permanentemente como um ser igual (porque é) e um ser diferente (porque sempre em mutação). Assim, há um reinvestimento permanente do experienciado para a manutenção da temporalidade do ser no seu espaço existencial. Ou seja, ao aposentar-se, o/a professor/a fortalece os seus laços com a profissão exercida utilizando-se de suas marcas, do que ficou e do seu olhar sobre o vivido, redefinindo-o para mantê-lo num projeto de existência.

Mesmo "livre" para construir um cotidiano afastado de seu *habitus* profissional, o/a professor/a escolhe e define o seu dia-a-dia de forma que mantenha os traços/laços de sua identidade profissional. Isso pode ser observado inclusive quando esse sujeito nega e não se reconhece professor ("eu sou engenheiro e não professor") ou quando evita o lugar do exercício da profissão ("... nem passo na rua da escola"). Assim, o elemento "identidade profissional" pode ser o elemento que exerce a mediação e possibilita a ininterrupção da existência. Ou seja, mesmo considerando-se a aposentadoria um acontecimento, ruptura de um certo espaço existencial, a temporalidade impede a fragmentação do ser ao ter a profissão impingindo uma definida identidade para o/a aposentado/a. Colada, pois, na memória e alimentando as lembranças, a profissão exercida e feita identidade no/a professor/a confere a manutenção dos laços com a realidade e com um cotidiano novo para o ser docente. A velhice interroga-se em sua própria temporalidade, buscando um referencial de existência, talvez até para minimizar a angústia da morte (Bianchi, 1993:100). Nesse percurso, vai realizando o caminho ao contrário, descaminhando os próprios passos, resgatando o ponto fundador de sua existência na "agoridade". Daí a memória como possibilidade única dessa desconstrução para prosseguir o caminhar, carregando, porém, na bagagem, o que consubstancia o caminhante, ou seja, sua identidade recuperada, fortalecida, reconhecida e incorporada.

Talvez nesse viés de análise pode-se identificar a possível diferença entre a profissão do magistério e outras profissões na definição do processo de envelhecimento. Pois, ao desconstruir a identidade profissional, retomando o vivido pela memória, o/a professor/a se percebe carregado de um sentido público, em que o outro (aluno/a principalmente) mantém-se presente em seu ser (nas suas lembranças) menos por relações cognitivas e mais por relações afetivas (o caderno que se guarda, o reencontro com o aluno). Assim, a afetividade das relações professor/a-aluno/a alimenta essa identidade profissional resguardada e revista no envelhecimento. E é o sentido afetivo do exercício profissional vivido que pode garantir a continuidade de um certo tipo e marcar qualitativamente a forma de envelhecer desses/as professores/as. Ou seja, mais do que lembrar de aulas magnas proferidas na docência ou embates incômodos com os colegas ou direção de escola, o que marca a desconstrução da identidade profissional (e sua construção) é a lembrança e o reencontro permanente com a figura do/a aluno/a. Simbolicamente, este/a aluno/a, na figura do ouvinte, do comprador de mel, do colega do filho, no cuidado com os pais idosos que sugere um certo tipo de envelhecer desses/as professores/as. Um envelhecimento que se alimenta desses outros e que afetivamente supre a possibilidade de perda da identidade profissional, minimizando as perdas trazidas pela velhice e pela aposentadoria. Essa carga afetiva simbolicamente substituída e reposta na lembrança pode ser o elemento que singulariza, pois, o envelhecimento do/a professor/a. Ou, indo mais além, a professoralidade mantém-se no envelhecimento, na aposentadoria e se inscreve em espaços existenciais diferentes e novos para professores/as. Não se percebe a recusa do presente, porque este está impregnado de sentidos que lhe permitem uma revitalização do próprio existir.

Se, conforme Adélia Prado, "a arte salva enquanto simboliza, porque ela segura para mim o tempo, aquilo que na minha experiência é fragmentado (...)" (In: Tenório 1999:24) o magistério, de certa forma, também salva e confere beleza e serenidade ao envelhecimento. Porque ser professor é uma arte, uma arte e um ato feitos de símbolos, de cuidados, de fazer e refazer o outro pelo conhecimento. Ser professor/a é um exercício permanente de lidar com o simbólico, com os significados diversos que os alunos trazem para o preenchimento dos espaços de sala de aula. A própria sala de aula, com suas carteiras, seus sons muitas vezes inaudíveis e com sua luminosidade própria apresenta-se simbolicamente como espaço de saber, espaço de trocas, espaços de vida. Por isso, o envelhecimento de professores/as apresenta-se salvo, no sentido de se permitir um envelhecimento cimentado numa temporalidade simbólica.

Ao assumir o simbólico, o/a professor/a eterniza a sua experiência cotidiana, reconfigura-a no tempo e o seu envelhecer é um renovado encontro com o seu ser jovem. Renova-se, pois, a temporalidade que rege a vida cotidiana, fazendo-a carregada de significados na lembrança. Boff destaca que a eternização do simbólico passa pela "capacidade de criar estabilidades novas a partir das desestabilidades" (In: Tenório, 1999: 36) Ou seja, ao refazer o percurso de sua vivência profissional, o sujeito resgata os seus significados, o lado simbólico da profissão, redefinindo e reafirmando a sua identidade. O processo, pois, da lembrança evocada pelo encontro com o ex-aluno, a busca do conhecido na visita à escola, o ato de pesquisar para preparar material para entrevistas na rádio, o projeto de voltar aos bancos escolares e a própria negação em falar sobre a profissão docente é uma maneira de manter o vínculo com uma parte de si que se apresenta numa desestabilidade pelo afastamento do exercício profissional. Mantém-se, nesse processo, a devida proximidade do vivido, no sentido de reaver uma certa estabilidade necessária para a continuidade do percurso de vida. É aqui o tempo que desfragmenta e sintetiza-se em uma rede simbólica de lembranças que estabiliza os contornos das perdas e possibilita a reintegração num espaço de existência. É o simbólico se reestruturando, segundo Boff, a partir do diabólico, que representa a ruptura, a divisão, a fissura do existencial. A possibilidade de evocar a memória impede o ser humano de estranhar-se no mundo privado em que retorna após a aposentadoria e interpelá-lo como espaço possível de identidade reforçada.

Há, no mundo moderno, juntamente com a hegemonia do trabalho, nos moldes do processo de produção industrial, um fenômeno de sincronização ou estereotipia nos estágios de vida e o tempo se fragmenta de acordo com as fases da existência: tempo para aprender (infância e adolescência), tempo de produzir (idade adulta) e tempo de descansar (velhice). Tal fragmentação reduz a velhice ao tempo de um ócio que nada cria e também nada usufrui. É preciso, pois, desmistificar tal divisão do tempo de existência, recuperando a forma como velhos/as vêm apropriando-se de um tempo de ser na aposentadoria, pela conservação, pela lembrança e pelos detalhes incutidos no cotidiano de suas vidas, a própria identidade construída no tempo de produção. Ou seja, os processos de estandardização e de estereotipia das fases da existência estão subsumidos a partir de uma identidade profissional que se mantém no tempo da velhice, num outro modo de se ser e estar-no-mundo. Pois, se o olhar para o vivido for apenas um olhar sobre os resultados ("destemporalizando" a memória), pode ocorrer apenas um lamento pelo não realizado. Porém, se este olhar for um olhar de reviver o experienciado e extrair dele significado para a atualização da existência reconstrói-se, então, o próprio ser-no-mundo.

Segundo De Masi (2000), precisamos reeducar as pessoas para o tempo livre, para que possam cuidar de si por meio do uso criativo do tempo. E, num certo sentido, modificar o uso do tempo resulta na modificação da ocupação de espaço. Ou seja, o/a velho/a ao se distanciar do espaço do trabalho, elabora uma outra maneira de gerir o tempo construindo espaços novos de inserção. Seja num trabalho de rádio, retornando aos bancos escolares, aproveitando o escritório para o estudo e/ou a apicultura como atividade central do cotidiano. Assim, o uso diferenciado do tempo é, também, a gestação de espaços diferenciados para se ser-no-mundo. Isto posto, articula-se com novas relações que passam a ser cuidadas de uma nova maneira: com a família, com os amigos, com a cidade, à moda mineira, nas praças, nas esquinas, nos passeios com a vizinhança. Mineiramente vai-se forjando um tempo de ser no envelhecimento, talvez resgatando a lentidão (citada por De Masi, 2000:186) que caracteriza o estereótipo do mineiro. O ritmo próprio, o tempo interior que nem sempre se coadunam aos alucinantes movimentos temporais exteriores. Resgata-se, assim, o espaço de tornar o tempo um tempo de pausa, de silêncios e de reflexões, permitindo o fluxo calmo dos espaços das cidades mineiras, de ruas amplas e de bons-dias cuidadosos.

Pode-se concordar com o autor que o ócio pode ser depauperizador ou criativo. Porém, pergunta-se: quais os elementos que interferem em um ou outro modo de usar o tempo livre? Pelas entrevistas efetuadas com professores, certamente, o magistério, propiciando anos e anos aos docentes um exercício profissional voltado para o outro, aluno/a, novas gerações e mediatizado pelo saber, há um preparo para o uso positivo deste tempo livre. E como isso ocorre? Justamente pela preservação dessas experiências na memória, pela significância da realização empreendida no magistério, pelo saber fazer que se revela num certo saber viver *a posteriori*. Ou seja, a profissão e a identidade construída na atividade docente abastece a identidade pessoal de uma tal maneira que, pela memória, se preserva o potencial para transformar o tempo livre em espaço para se continuar sendo professor, mesmo num programa de rádio, num caderno que se guarda, numa colméia que se cuida ou na negação desses anos sendo professor. Pois, nega-se para não perder o referencial de ser. A docência preenche a lembrança do/a professor/a velho/a, contribuindo para um certo modo de envelhecer. Um envelhecer mais rico e mais produtivo, porque passível de transformação de tempo e espaço de cada um que se alimenta do vivido significativamente nas salas de aulas, nas reuniões lembradas. E esta identidade profissional não se perde, mas alimenta-se pelos encontros de alunos ao longo do existir e, principalmente, do envelhecer. Pois, para os alunos, mesmo velhos/as, o/a professor/a será sempre aquele/a professor/a que alimenta ainda suas lembranças e lhe regenera as forças no tempo-espaço de seu mundo "ressignificado".

A velhice talvez seja a possibilidade de se ter o que De Masi denomina de "tempo escolhido", quando não mais precisamos do "tempo aturado" (2000:242). E, assim, a velhice torna-se o tempo do ócio criativo, porque transforma o espaço existencial num espaço de arte.

Despindo a velhice e marcando o professorar

> "(...) e o que há de mais belo é que as palavras de amor são seguidas de silêncios de amor".
>
> Morin, 1998:26

A velhice vista como estigma (como marca social proveniente de atributos que categorizam pessoas ou segmentos sociais) pode apresentar determinadas singularidades a partir da identidade profissional construída pelos sujeitos sociais. De acordo com Goffman (1988), as pessoas estigmatizadas tendem a incorporar os atributos que são dirigidos ao grupo social (idade, sexo, profissão) na qual elas se percebem incluídas. O autor diferencia identidade pessoal e identidade social. Neste trabalho, porém, assume-se que a identidade pessoal será sempre identidade social, pois é resultado de experiências vividas por cada um em grupos sociais (nas filiações sociais) que, por sua vez, trazem suas marcas e predefinições de seus sujeitos componentes. Há, pois, uma reciprocidade entre as experiências pessoais (porque subjetivas, do eu) e as experiências sociais, vistas como interseção de constituição de si e expectativas do outro social em tempos e espaços distintos.

Assim, ao proceder a análise sobre a forma como o/a professor/a envelhece, na tentativa de desconstruir esse processo, pode-se observar que a profissão de magistério confere um estigma, uma marca de cuidado, de eticidade, de maternidade e afetividade, conforme é relatado por Vianna (In: Bruschini e Hollanda, 1998:335). Tais marcas conferem identidade à atuação docente, independentemente de gênero. O agir correspondendo à estereotipia (entendida como perfil de nossas expectativas normativas em relação à conduta e ao caráter) posta socialmente para cada profissão e, no caso, a profissão docente e, entrelaçando no tempo da velhice, com a aposentadoria, resulta em uma certa singularidade. Uma singularidade que pode ser identificada na maneira professoral de conversar, nos hábitos mantidos de disciplina e estudos, nos meios encontrados para manter contato com o aluno (vendendo mel, apresentando programas em meios de comunicação, guardando um caderno de lembranças). Pode-se perceber, pois, que o estigma, como marca (nem sempre em relação aos aspectos negativos do outro), colabora na definição e na manutenção da própria identidade profissional de professores/as. Continua-se, mesmo na aposentadoria, mesmo distanciado do espaço escolar, das salas de aulas, dos planos de ensino, a corresponder ao próprio estigma, ao impingir afetividade às relações, ao manter características específicas da profissão docente.

Concordando com Goffman, que o principal elemento constituinte da identidade pessoal é a unicidade, ou seja, o fato de tal identidade e suas características serem apenas e somente suas, nota-se que tal identidade, forjada e construída nos espaços sociais, contém, também, o chamado *habitus* (segundo Bourdieu) adquirido no exercício profissional. Tal *habitus* incorpora-se de forma tão arraigada à identidade pessoal que, mesmo afastado desse exercício profissional, o/a professor/a mantém e sustenta-o de maneiras variadas e sutis. Maneiras que lhe escapam e que, entretanto, conferem legitimidade a um passado identitário que o acompanha no tempo existencial. Seguindo o raciocínio de Goffman (1988: 103), não é por acaso que as pessoas freqüentam determinados lugares, escolhem determinadas atividades após a aposentadoria. O que ocorre é que essa identidade profissional carrega consigo um chamado "quadro de referências" em que o indivíduo opera suas ações cotidianas. Ou seja, o próprio cotidiano do/a professor/a define-se, de certa forma, de acordo com o *habitus* incorporado em suas ações e conforme o quadro de referências elaborado no decorrer do tempo do trabalho docente.

Ao se fazer referência a um quadro conceitual ligado ao estigma, torna-se imprescindível aludir à questão da velhice como fenômeno que carrega consigo e socialmente um estigma negativo. O ser velho é um ser em desvantagem, que socialmente é percebido como um sujeito que vive marginalizado (à margem) das possibilidades do mundo moderno, suas tecnologias, suas mudanças de valores etc. Assim, para se ser velho/a é preciso corresponder a essa estereotipia e ao discurso construído e devidamente incorporado nos sujeitos em processo de envelhecimento que acabam acreditando e correspondendo a tais formas de existir em sociedade. Talvez o fato de manterem o *habitus* profissional seja uma maneira de negar e de escapar da subserviência total a tal estereotipia da velhice. Ou seja, "apesar de estar velho, ainda sou capaz de: discursar, de estudar, de ser bravo, de..." Funcionam aqui os denominados "desidentificadores" da velhice, minimizando o próprio estigma.

Por outro lado, ao se reforçar as marcas da professoralidade no cotidiano do/a velho/a professor/a, está se permitindo uma certa "eternização" do/a professor/a como lembrança para os sujeitos que deles foram alunos. Por isso, ao mesmo tempo em que se informa, pela aparência, que se está em processo de envelhecimento, o/a professor/a mostra e mantém sua unicidade, quando expressa modos de professoralidade incorporados à sua cotidianidade, diminuindo a discrepância entre o interno e o externo do envelhecimento. Envelhece-se dentro de um quadro de referências construído no exercício profissional e em outros espaços sociais. Porém, pela profissão, mantém-se o conjunto de ser que sustenta a marca de cada profissional, de cada professor/a, com suas idiossincrasias e suas lembranças. E assim, pela identidade profissional construída no exercício da função, pode-se superar o estigma da velhice e trilhar por caminhos de um novo estar-sendo nos espaços das cidades e nas redes de relações confeccionadas no tempo de envelhecer sendo-professor/a sempre. Por isso, "não há uma única forma de ser velho, mas muitas" (Mercadante, 1998:59).

Muitas referências feitas à questão do envelhecimento remetem à categoria da exclusão para apontar a necessidade de se efetuar estudos e pesquisas dando voz e vez aos/as idosos/as de nossa sociedade. Partindo-se do pressuposto de que existem valores e representações de mundo que resultam em exclusões sociais, cabe definir o sentido de exclusão que tal pressuposto sustenta. A exclusão refere-se à privação não apenas material e geográfica da riqueza produzida pelas nações, mas supõe, também, a privação cultural e social, que impede a participação e o exercício de direitos de grande número de pessoas dos processos sociais.

Retomando Sawaia (1999), pode-se considerar a exclusão como um conceito que vem sendo construído por diversos autores (principalmente franceses) que destacam a exclusão como processo de desqualificação, desinserção, "desafiliação". Ou seja, de acordo com a síntese feita por Sawaia, a exclusão supõe uma certa apartação social em que o excluído (como sujeito ou grupo) sofre processos paulatinos de trajetórias de desvinculação.

Neste sentido, observa-se que a aposentadoria, no eixo integração/não-integração do mundo do trabalho, pode ser vivenciada como uma ruptura dos vínculos sociais e incluir o ser velho (aposentado/a), um ser excluído de algumas relações sociais. Isso, porém, não significa que tal exclusão (do mundo do trabalho) ocasione, necessariamente, a completa exclusão desses sujeitos. Os próprios entrevistados mostram que existem maneiras outras de promover e conquistar processos de inclusão social, principalmente quando se mantém a identidade profissional por meio de atividades ligadas ainda ao *habitus* profissional.

> Não se trata de descobrir a (única) leitura verdadeira, mas de mediante reflexão, buscar os múltiplos sentidos da ação humana, que vão se objetivando ao longo de uma história de vida (Lopes, 1998: 75).

O ser cidadão, de acordo com Santos (*apud* Véras, in: Sawaia, 1999), é o direito de permanecer no lugar, no seu território identitário, usufruindo o seu direito de espaço de memória. Excetuando-se a questão urbana, do direito à habitação, espaços de mobilidade seguros, transportes adequados etc., os denominados excluídos podem também ser identificados como aqueles seres velhos que não têm o seu território para o exercício da memória garantido. Ou seja, a exclusão também supõe a suspensão da tradição, do passado. E, neste sentido, pelas escutas de velhos/as professores/as pode-se observar que há uma luta permanente, individual para a não ocorrência de tal forma de exclusão, justamente por meio da conservação da memória pelo exercício de outras maneiras de se manter inserido no social, seja na apicultura ou tornando-se locutora de programa de rádio. São modos de se inserir nos processos sociais, sem, entretanto, que este processo se enquadre no que se pode chamar de "modo marginal de inserção". Pois, insere-se por meio da conservação da própria identidade profissional.

Este movimento de conservação da identidade profissional alimenta-se de uma dialética em que, ao ser excluído do mundo do trabalho, o sujeito mantém seu *habitus* profissional agenciando outros recursos internos/externos que lhe permitem a reinserção num outro *locus*. Ou mesmo a criação de um outro espaço social em que, na forma de atalho, mantém contato com quem o alimentou na identidade docente: o aluno. Assim, o aluno e a sala de aula transformam-se em estúdio de rádio, em compradores de mel, em interlocutores privilegiados numa biblioteca particular ou, simplesmente, se cristalizam em recados e assinaturas num livro de avaliação. São maneiras de, mantendo o engajamento na profissão e, conseqüentemente, a própria identidade profissional, professores/as descobrirem um modo novo de fazer do tempo da velhice um tempo de inclusão social, pois "Há sempre algum tipo de inserção ou de afiliação do sujeito individual ou coletivo no interior de certas categorias e sistemas sociais" (Carreteiro, in: Sawaia, 1999:87).

Nota-se, no estudo de professores/as velhos/as, que há uma identidade profissional que se transforma e que, ao se transformar, mantém um certo modo de ser. Ou seja, mantém sua essencialidade, sua referência básica, por meio da inclusão pela memória. É a identidade em seus dois sentidos: da permanência e da transformação, de acordo com Souza Santos (1994). Ou pode-se destacar que aqui se observa a possibilidade de engendrar laços entre a subjetividade (o tempo interno) e a objetividade (tempo externo) do próprio ser velho/a, favorecendo a minimização da discrepância entre o que se aparenta ser e o que se sente ser. É o sujeito em sua metamorfose, em processo permanente de subjetivação, elaborando os contornos do seu estar-no-mundo, sem riscos de cristalização identitária. Esta identidade profissional, ligada ao exercício docente, aproxima mais o subjetivo e o objetivo do processo de envelhecimento por ser a figura do/a professor/a baseada, ela própria, num conjunto de símbolos, que todas as outras gerações carregam consigo. Ou seja, ser um/a velho/a professor/a, no referente ao jogo de identidades forjado no social, confere a esta profissão uma certa especificidade. Uma especificidade marcada por símbolos que se sacralizam no imaginário das pessoas e este acaba por favorecer o processo de envelhecimento, em que o/a professor/a não envelhece nas lembranças e no lugar que ocupam nas tantas e várias histórias individuais (na criança, no jovem, no adulto) dos seus (ex)eternos alunos/as. Para Cícero,

> (...) as melhores armas para a velhice são o conhecimento e a prática das virtudes. Cultivados em qualquer idade, eles dão frutos soberbos no término de uma existência bem vivida. Eles não somente jamais nos abandonam, (...) como também a simples consciência de ter vivido sabiamente, associada à lembrança de seus próprios benefícios, é uma sensação das mais agradáveis. (1999:12)

Nessas palavras de Cícero, pode-se observar a importância da lembrança e do alimento da memória como meios de se viver a velhice de maneira boa, tranqüila. E ao se considerar a virtude, talvez designe, no presente, na realização plena de um ofício, virtuosamente exercício por meio do exercício permanente ao longo da vida do próprio saber. E esta possibilidade, profissões como o da professoralidade carrega consigo esses meios. É a lembrança alimentando uma certa identidade construída nesse exercício cotidiano da virtude e do saber. É a profissão contribuindo para um envelhecimento que, de acordo com Cícero, supõe capacidade de discernimento. E, nesse sentido, a profissão colabora, pela memória, na manutenção disso. Uma memória que precisa ser devidamente cuidada, trabalhada, cultivada em exercícios cotidianos. Quando o mesmo autor destaca que a velhice não é passiva nem inerte e sim "sempre atarefada, fervilhante, ocupada em atividades relacionadas com o passado e os gostos de cada um" (ibid: p. 24), percebe-se a importância do passado como pertinente a uma "ressignificação" permanente da própria identidade. Pela memória, atualiza-se a identidade forjada e elaborada nos corredores das escolas, entre carteiras e pelo pó de giz e dos planos diários de aulas. Pois, "a velhice só é honrada na medida em que resiste, afirma seu direito, não deixa ninguém roubar-lhe seu poder (...)" (Cícero, 1999:32). Ou seja, honra-se o que se mantém atualizado.

A especificidade do envelhecimento de professores/as está, justamente, nessa possibilidade de manter traços de sua profissão, principalmente um traço que marca a carreira docente e lhe é peculiar: a capacidade de aprender para poder ensinar. Ou seja, ser professor/a sugere um trabalho constante com a busca do relevante, com a procura do novo, do atual. O processo de envelhecimento de professores/as é marcado por estes movimentos de buscar o novo, de atualizar-se (em projetos, em si mesmo, nas lembranças etc.). Elaborando aulas e planejando atividades, num processo de criação permanente que o/a professor/a preencheu seus anos de docência e esta capacidade de "criação" pode ser a permanência do/a professor/a no ser-sendo velho/a, ou seja, ao envelhecer e ao se aposentar o/a professor/a garante e sustenta certas capacidades que foram necessárias ao exercício de seu ofício. Tais capacidades permanecem e, por isso, sustentam uma certa e especial forma de envelhecer, com inventividade e criação de novos espaços existenciais. É como a restauração de prédios históricos, conservando a história e atribuindo-lhes capacidade de preservação e de vida por meio de uma certa identidade lembrada e, por isso, atualizada.

Ser-sendo professor/a na individuação

> "(...) porque o ser-aí é ser-com, sua compreensão de ser implica, constantemente, a compreensão dos outros".
>
> Heidegger, 1981:38

Se o indivíduo se forma e se transforma nas relações de trabalho, conferindo traços sociais aos seus aspectos físicos e psíquicos, o afastamento da atividade produtiva cristaliza e recupera tais traços por meio de uma certa identidade que, acoplada à atividade realizada anos e anos, ressurge nas lembranças, nos objetos que suscitam experiências vividas e nas maneiras sutis de encontros com o outro. Principalmente o outro aluno que lhe povoou sua identidade profissional. De acordo com Palangana (1998), a individualidade não é apenas individual, mas social e objetiva, além de ser subjetiva. E, como tal, carrega consigo a situação em que se insere, sendo temporal e espacial por processos contínuos de singularização. Assim, o que confere distinção e singularidade a um sujeito (o trabalho), também confere-lhe a semelhança, a possibilidade do compartilhamento de experiências, valores e significados com os outros sociais e igualmente (diferencialmente) diferentes. O tempo da aposentadoria iguala todos pela situação de afastamento, porém, pelo processo de envelhecimento, as lembranças mantêm e preservam um certo núcleo identitário daquilo que singulariza o sujeito, ou seja, sua profissão exercida. Este trabalho e estas reflexões não pretendem destacar o magistério como uma atividade melhor ou diferente em termos de significados que trazem para os sujeitos. Mas destacar a docência e a professoralidade como um certo tipo de identidade que se traduz em uma certa maneira de viver o próprio envelhecimento. O/a professor/a, ao envelhecer, traz em suas rugas as lembranças de suas vidas *na* e *pela* escola. Como também, provavelmente, o/a médico/a, o/a advogado/a carregam consigo suas muitas outras lembranças. Porém, o/a professor/a mantém-se professor/a pela própria professoralidade, pelo próprio discurso e voz de professor/a que interpela e assume sua fala, seus gestos, fortalecendo a identidade profissional que foi sendo elaborada no exercício da docência.

Outrossim, tal identidade, forjada no exercício da profissão, carrega, também na memória, os muitos outros que dividiram os dias, os calendários, os anos letivos. Porém, de certa forma, a velhice vivida na aposentadoria pode caracterizar-se pela homogeneização de hábitos. Num mundo que dita modas e modelos de uso do tempo, a falta de autonomia do ser velho pode resultar num processo de dessingularização, fragilizando e operando uma desconstrução da identidade profissional elaborada nos anos de labuta. A não recorrência da reminiscência colabora ainda mais para este processo de desconstrução identitária. Daí o/a professor/a manter a sua professoralidade pelas lembranças que certos objetos lhe trazem, antigos alunos que encontra ou o simples fato de continuar sendo tratado como "o/a professor/a". Os elementos, possíveis de, pela memória, "ressignificar" o exercício da profissão, podem constituir modos possíveis de manutenção de uma subjetividade marcada pela própria identidade construída nos anos de trabalho.

O risco da padronização do envelhecimento fica resguardado quando se exerce, via memória, no cotidiano, um certo *habitus* da profissão, fortalecendo e atualizando a própria identidade. No estudo empreendido por Palangana (1998) sobre a história da individualidade no decurso da consolidação do capitalismo, há a constatação de que esta história é o percurso mesmo da renúncia do indivíduo em favor do coletivo.

O processo de individuação, ocorrendo no curso da vida, sofre mais com a aposentadoria do que com a percepção do próprio envelhecimento, um movimento necessário de integração em que as transformações surgem em formas de mortes e renascimentos simbólicos e, neste sentido, a aposentadoria pode se constituir num rito de passagem. Um rito de passagem que exige do sujeito uma retomada/ reelaboração da "máscara", na denominação junguiana, como representantes dos papéis que se desempenha no palco do mundo. Tais máscaras são formas de se adaptar ao jogo do viver na realidade exterior, correspondendo às expectativas, aos estigmas e aos preceitos do outro em relação à atuação no social. As máscaras são formatações de uma maneira de estar-no-mundo que garantem um estar-no-mundo adaptado às exigências da exterioridade. Com o afastamento do sujeito de seu *locus* de trabalho/produção, o/a velho/a vê-se impelido a retomar suas máscaras e a redefini-las em função de sua própria continuidade e presença neste mundo e neste jogo. Dessa redefinição e recolocação de "máscaras" advêm os elementos que permanecerão e outros que serão substituídos, porque não mais necessários ao seu cotidiano.

Refletindo essa questão e de acordo com as vozes e as narrativas aqui ouvidas, pode-se averiguar que o tempo de aposentadoria pode constituir-se num tempo de retomada de uma certa individuação perdida. Uma individuação que, por anos a fio, constituiu-se em atividades coletivizadas, mesmo no magistério, por meio da normatização da ação e planejamento docente, pode ser resgatada pelo exercício desconstrutivo da identidade profissional. Ou seja, ao caminhar no sentido contrário, retomando as teias que foram tecendo a própria identidade profissional, retoma-se a identidade fundadora, os elementos e os episódios que foram compondo uma identidade que havia sido perdida (porque cristalizada e "fossiferada") na cotidianidade do tempo do trabalho. É o tempo livre que permite um pensar diferenciado do vivido, do sentido e do realizado, num exercício permanente de re-significação de si mesmo por meio destes elementos (cadernos, ex-alunos, rua da escola, estúdio de rádio como tablado de sala de aula) que vão compondo o dia-a-dia do/a professor/a velho/a. Se a referida autora constata que há uma correspondência entre o fortalecimento da sociedade e o enfraquecimento do indivíduo, pode-se supor também que quando enfraquecidos os laços e quando a distância aumenta entre o ser velho e seu *locus* de trabalho, a possibilidade de retomada da individuação se faz presente. Se, "à medida que a aparelhagem social, econômica e científica se complexifica, a possibilidade de o mesmo experienciar vivências diferenciadas, operar com o diferente, diminui" (Palangana, 1998:78), na velhice o processo se inverte. Passa-se a ter o tempo como um aliado na retomada de experienciação que redefina uma certa identidade/individualidade que se calou nas batidas dos livros e relógios de ponto. Ou seja, há no tempo da aposentadoria um tempo de ser velho de uma maneira renovada de se ser o que se foi como sujeito construtor de si pelo trabalho. No tempo do não-trabalho, observa-se a possibilidade do espaço de reconstrução de si, de potencialização da vida. A vida social, marcada na aposentadoria, não mais sobre os ditames do disciplinamento da rotina do trabalho, permite, no tempo livre, uma organização mais pessoal, individualizada e subjetivamente escolhida e trilhada sob a influência da memória-individuação ou memória-subjetivação.

Interessante é verificar que este processo de retomada da referência identitária pelo espaço de memória e de lembranças do tempo livre, contraditoriamente, fortalece o sentido do tempo do trabalho, engrandecendo-o como tempo do ser que permite a continuidade de uma certa forma de ser-sendo na aposentadoria. É o próprio movimento de subjetivação, em que o ser não se apresenta como ser velho, mas como ser em envelhecimento. Retornando ao espaço privado, o ser aposentado e vivendo sua velhice pode retornar, outrossim, ao público de maneira mais autêntica, porque desprovido do disciplinamento do tempo organizado e mecanizado pela atividade produtiva. Ou seja, resgata-se, pelo privado, o sentido do público, seja vendendo mel, utilizando o microfone de rádio ou simplesmente revendo seus pertences e sua própria imagem fixada no público. É a possibilidade de transformar o tempo livre em tempo de ser no público pelo resgate do espaço privado e, conseqüentemente, de uma certa individuação pela desconstrução da identidade profissional. É a possibilidade de autonomia, gerenciando o próprio tempo e cuidando de seus espaços de existência, na busca de libertação dos agenciamentos de padronização dominantes no mercado publicitário em relação à terceira idade.

Redesenhando a velhice como um tempo possível de "ressignificação" de identidade e de espaços de existência, a aposentadoria nesse percurso e nesse movimento representa a chance da "autopoíesis", no sentido de uma reorganização e construção permanente desses espaços e desses tempos, sendo a oportunidade de reconstrução da própria identidade forjada durante o exercício profissional.

Dubar (1997) ao analisar a teoria de Hughes sobre a socialização profissional destaca que esta é concebida simultaneamente como iniciação à cultura profissional específica (sentido etnológico) e como conversão a uma nova concepção do eu e do mundo (sentido religioso). Tais maneiras de integração e formação de uma certa identidade profissional vão sendo alinhavadas na dualidade da imagem *a priori* que se tinha da profissão e das profundezas e realidades que lhe são apresentadas e entre o modelo teórico (da dignidade da profissão, com seu lado sagrado) e o modelo prático (tarefas cotidianas, seu lado profano) confrontados no decorrer do exercício profissional.

Ou seja, a identidade profissional é construída nessa realidade e fortalecida pela cotidianidade da prática dessa atividade profissional. O/a professor/a, ao ingressar no ambiente escolar, familiariza-se com um saber fazer e com um fazer que, tendo um grupo de referência (modelos, projetos bem-sucedidos), tende a manter em equilíbrio tal dualidade. Porém, pode-se inferir que o lado profano, cotidiano, de lutas diárias e de realizações paulatinas no/do magistério domina o tempo do trabalho docente. Quando o/a professor/a se distancia e remete seu olhar no que viveu e realizou e mesmo no sentido de todo o seu tempo de trabalho como professor/a e expressa seus significados na narratividade, percebe-se que ocorre, então, o processo inverso. Ou seja, ao se distanciar da "profanidade" de sua profissão, ao não mais embrenhar-se pelas dificuldades e desafios do cotidiano escolar (na aposentadoria) restabelece-se o domínio do sagrado da profissão exercida e incorporada pela identidade. Essas evocações feitas pelos/

as professores/as auxiliam o resgate do sentido da escolha do magistério como profissão, fortalecendo o próprio redesenho da identidade profissional e, assim, colaboram para uma certa estruturação do tempo da velhice.

Não se é apenas um/a velho/a, mas um/a velho/a professor/a, no sentido mais que profano, no aspecto sagrado da profissão exercida e legitimado pela sociedade. Corresponde a esta retomada do sagrado da profissão a retomada da identidade construída não apenas no âmbito do coletivo, da cotidianidade escolar compartilhada por seus pares, por seus alunos, mas, a "ressignificação" do sentido do tempo de exercício profissional num âmbito pessoal. Assim, não se partilha mais somente as lutas, as tristezas ou alegrias sofridas/sentidas no dia-a-dia da docência, mas o resultado de todo o experienciado em si mesmo, no nível da subjetividade exposto nas narrativas de velhos/as professores/as. É como se o mundo vivido durante o tempo do trabalho pudesse ser, no envelhecimento, resgatado em sua dualidade, numa síntese serena de identidade-para-si por um processo de subjetivação que acentua o sagrado e fundamenta, por isso, as possíveis atividades novas (porque não antes visadas) num tempo *kairós* e criativo (porque mantém e revisita a identidade da professoralidade), porque mantém a arte da profissão exercida. Pois, "para encontrar ou voltar a encontrar uma identidade, é preciso mudar de espaço" (Dubar, 1997:235). Por isso, o risco do envelhecimento da identidade na aposentadoria de professores/as diminui em função do próprio sentido e característica desta profissão, pois, se, segundo Dubar, há uma precariedade na construção de identidades profissionais é exatamente a característica da do ser profissional do magistério que minimiza este risco, ou seja, a sua arte e a sua sacralidade.

As narrativas aqui registradas interpelam o sentido da denominada professoralidade como uma prática discursiva (como maneira de, pelo discurso, produzir sentidos sobre a realidade vivida) que se refere aos discursos peculiares a um determinado segmento social. E, como um discurso moldado no exercício profissional tende a se manter no tempo, por uma memória que sustenta esta manutenção e o reafirma em sua evocação. Essa permanência permite, pois, a eternização de um certo modo de expressão, a uma maneira peculiar de viver outras práticas, outros espaços sociais.

As práticas discursivas permitem dar visibilidade aos sentidos produzidos no cotidiano, sem, entretanto, serem devidamente entrelaçados numa narrativa que se pretende organizadora. Ao se evocar os sentidos de uma trama vivida na temporalidade, os/as professores/as permitem a insurgência de um olhar mais distanciado de suas práticas de docentes e deixam emergir as muitas vozes compartilhadas em anos e anos de exercício profissional. É a polissemia do discurso que confere à própria narrativa o seu *locus* de elaboração. Ou seja, nas narrativas dos sujeitos aqui ouvidos percebe-se o modo do ser-sempre professor/a, em que as palavras e as frases retomam o sentido das aulas, das reuniões de planejamento, das incursões pelo conhecimento, a maneira dos gestos acompanhando o dizer, as flexões verbais etc.

Spink (1999) utiliza o conceito de "tempo longo" em Braudel para especificar as práticas discursivas imbricadas na permanência e que constitui durabilidade (como os conhecimentos produzidos pelos diferentes tipos de saber: religião, ciências, tradições) e o conceito de "tempo vivido" que resulta do processo de socialização que forma os discursos de dada época, de acordo com as experiências e o lugar destas na vida humana. É, pois, este tempo vivido que define as práticas discursivas no sentido de ser um resultado de apropriação e de sentidos dados e construídos na inserção do ser humano nos vários lugares sociais em que se socializa e se produz. Assim,

> Trata-se das vozes situadas que povoam nossas práticas discursivas (...). O tempo vivido é também o tempo de memória traduzida em afetos. É nosso ponto de referência afetivo, no qual enraizamos nossas narrativas pessoais e identitárias (Spink, 1999: 52).

A narratividade de professores/as mostra a inserção do afeto na professoralidade, a presença do tempo vivido constituindo e elaborando uma identidade profissional que permeia e confere uma singularidade nos sentidos produzidos pelo próprio discurso. Um discurso elaborado no próprio exercício da profissão e que mantém seus rastros na memória, configurando o modo de viver e de expressar o seu processo de envelhecimento, pela atualização dos sentidos do vivido. Conforme essa autora, é nesta produção de práticas discursivas que, ao se produzir sentidos, se processam as (re)construções identitárias.

Pela narratividade dos/as professores/as pode-se observar a correspondência assegurada pelo *habitus* entre um *a priori* e um *a posteriori* quando, afastado do *locus* do *habitus* (a escola e todo o grupo de profissionais correspondentes) mantém-se o conjunto de práticas e modos incorporados durante o exercício profissional. Dubar (1997) expõe o risco de se assumir o conceito de *habitus* de Bourdieu num sentido de impedimento de mudanças após sua incorporação. Porém, Dubar efetua sua leitura e ressalta que o *habitus* sofre modificações objetivas em situações sociais vividas pelo indivíduo em sua trajetória de vida (referindo-se, especialmente, à infância relacionada à fase adulta). Corrobora a tese de que a professoralidade adquirida, incorporada à identidade do/a professor/a, tende a sofrer atualização que permite uma certa manutenção (modificada) do *habitus* profissional. Ou seja, é por meio de um movimento de subjetivação do *habitus*, que este se mantém por meio de uma adaptação objetiva. A professoralidade como *habitus* é, pois, produto de uma trajetória social "ressignificada" subjetivamente pelos sujeitos produtos e produtores do mesmo.

Esse movimento subjetivação-objetivação do *habitus* de um mesmo universo profissional (o magistério) confere, pois, ao envelhecimento de professores/as uma certa similitude, apesar das diferenças nos percursos *a priori* e *a posteriori* de cada um. Ou seja, as diferenças advindas da maneira como ingressaram no magistério (ou chamados pela vocação ou pressionados pelas condições econômicas e familiares), a disciplina lecionada ou as funções assumidas (área de Humanas ou Exatas, funções administrativas concomitantes à função docente) não interferem na forma como lidam com o próprio envelhecer. Há em todas as narrativas ouvidas, a postura de um certo *habitus* da criação, da busca de algo que impede ou barra a acomodação. Há a necessidade de se planejar algo, de se esgueirar por alguma outra atividade (estudando, pesquisando, vendendo) que lhes assegure um envelhecer "professoral". Direta (vendendo mel) ou indireta (apresentando programas de rádio, encontrando-os nas esquinas, voltando a estudar e tendo-os como colegas), os/as professores/as vão elaborando seu envelhecer mantendo o tempo do seu "ser-professor" por meio desses contatos com os alunos, ou conservando os ex-alunos ou fazendo outros alunos eternos e renovados. É, pois, na relação com o outro (aluno ou ex-aluno ou potencialmente aluno) que o/a professor/a mantém e atualiza sua identidade profissional.

Cabe aqui ressaltar que a identidade profissional de professores/as se atualiza justamente porque o "outro" que alimenta e reforça (e constrói) esta identidade é o/a aluno/a. Um/a aluno/a que se universaliza na memória dos/as professores/as. Ou seja, o ser mais jovem sempre será universalmente o/a seu/sua aluno/a no sentido de lembrar-lhe que ali, naquele corpo velho, enrugado e gasto, está vivo um/a professor/a que um dia foi e, por isso, sempre será. Assim, essa espécie de universalização do outro aluno/a produz a singularidade do/a professor/a no envelhecimento, pelo mesmo movimento de subjetivação do mundo social, da objetividade posta pelas circunstâncias de cada um. Esse outro jovem, simbolicamente carrega o sentido do outro aluno/a numa relação de reconhecimento recíproco, que faz lembrar o professor/a que alimenta a "ressignificação" de um processo de envelhecimento.

> "Somente em relação a outro indivíduo tornamo-nos capazes de perceber nossas características, de delinear nossas peculiaridades pessoais e nossas peculiaridades como profissionais (...). A partir do julgamento que os outros fazem de nós, do julgamento que fazemos dos outros e percebendo os julgamentos dos outros sobre nós próprios tomamos consciência de nós mesmos, de nossas especificidades e de nossas determinações" (Fontana, 2000:62).

Esse percurso simbólico do/a aluno/a na estruturação do próprio papel do/a professor/a evidencia-se nas narrativas dos sujeitos dessa pesquisa e, também, nas respostas sempre dadas pelos/as professores/as já afastados do exercício do magistério, quando indagados sobre a profissão, respondem não o que geralmente todos respondem (sou aposentado/a), mas marcam, na resposta, a diferença: "sou professor/a aposentado/a". O movimento simbólico também permite evitar a "dissociação do eu" na aposentadoria visto que não ocorre a anulação ou desconhecimento desse "Eu" de professor/a no envelhecimento, pois o outro simbólico sempre retorna ou na lembrança ou na configuração de se ser reconhecido como "o/a professor/a". A percepção e o reconhecimento dessa manutenção/atualização da identidade profissional que configura um modo peculiar de viver o próprio envelhecimento elaboram-se na narratividade, no exercício da memória, na evocação do que foi e do como tem sido o seu viver, nos entremeios e fios das lembranças que vão tecendo simbolicamente "(...) as identidades como dinâmicas práticas e não como dados objetivos ou sentimentos subjetivos" (Dubar, 1997:101).

Baseando o pressuposto anterior em Dubar, pode-se averiguar que as identidades são construídas na transação entre subjetividade e objetividade, ou seja, num processo comunicacional complexo em que ocorre uma constante "negociação identitária" entre os atores sociais. No caso específico do universo profissional aqui em estudo, esta negociação releva a relação entre aspectos objetivos e subjetivos de professores/as e alunos/as no exercício da profissão e para além dele. Ou seja, alunos/as e professores/as mantêm uma espécie de negociação em que o simbólico resultante desse processo incorpora-se em suas trajetórias vividas, entendidas como "a forma como os indivíduos reconstroem subjetivamente os acontecimentos da sua biografia social que julgam significativos" (Dubar, 1997: 108). É dessa dualidade da identidade para-si construída e da identidade para-o-outro que "(...) nasce um campo de possibilidades (..) onde se desenrolam todas as nossas estratégias identitárias" (ibid:113). E as estratégias identitárias de velhos/as professores/as resvalam para o gestual, para a terminologia usada, para a maneira de organizar o próprio cotidiano, a conservação/modificação de relações sociais etc. É o que Dubar designa como "invenção de estratégias pessoais de apresentação de si" que, conforme as mudanças sociais, relacionais e pessoais (como a aposentadoria ou a aceleração do processo de envelhecimento), podem sofrer ajustamentos ou "reconversões sucessivas". Por isso, Dubar comunga com Sainsaulieu a concepção de identidade como mais um processo relacional de investimento do eu do que um processo biográfico de construção do eu. Tal noção ressalta a importância do comprometimento do "Eu" com o "outro" que o faz permanentemente na relação profissional. Porém, na aposentadoria e no envelhecimento esta relação ou se faz concretamente, nos encontros informais, ou se faz via memória que permite um permanente fortalecimento do caráter relacional da própria identidade.

Há, pois, uma negociação identitária permanente que pode ser observada nos relatos em que os/as professores/as encontram ex-alunos/as, ocupam-se de atividades similares ou quando demonstram a sua marca profissional na própria narrativa. E tal negociação é significada/subjetivada no exercício da própria narrativa, em que, ao expressar o percurso vivido na profissão, o/a professor/a atualiza esta negociação e a imbricação dessas negociações no seu processo de envelhecimento. De acordo com Dubar, mais que um processo biográfico, é o processo relacional que, pelo reconhecimento, num dado momento e num determinado espaço de legitimação (o próprio imaginário da comunidade sobre o/a professor/a perene) permite a (re)construção de identidades associadas aos saberes, competências e imagens de si propostas e expressas pelos indivíduos nos sistemas de ação. O processo biográfico, por sua vez, elabora a identidade subjetivamente, a partir das inserções nos espaços sociais sofridas pela socialização (família, amigos, trabalho etc.). E é esta articulação entre o biográfico e o relacional que

> (...) representa a projeção do espaço-tempo identitário de uma geração confrontada com as outras na sua caminhada biográfica e o seu desenvolvimento espacial. (Dubar, 1997:118)

Dessa forma, a identidade profissional, forjada e elaborada no âmbito da escola, no interior de suas salas de aula, nos seus pátios de recreação, nas próprias horas de cafezinho, ultrapassa esse espaço e, no envelhecimento e na aposentadoria, assumem outros espaços e criam elos que mantêm essa identidade re-atualizada não mais pelo trabalho, mas por atividades que resvalam para a continuidade da criação, para a manutenção da busca do novo e para um viver a velhice de maneira professoral sempre.

Construindo o feminino e masculino na docência

> *"(...) o objetivo principal não é descobrir quem somos, mas recusar o que somos nestas circunstâncias. (...) Faz-se necessária, portanto, a promoção de novas formas de subjetividade em recusa ao tipo de individualidade que foi imposto."*
>
> Siqueira, 1999:134

Ao empreender a escuta de professores e professoras faz-se necessário aludir à questão do gênero como possível elemento definidor e diferenciador nas análises do processo de envelhecimento. Não pretendendo adentrar nas controvérsias e nas discussões teóricas referentes ao tema, a abordagem aqui delineada, sem pretensão de esgotar tal discussão, apóia-se na concepção de que a questão de gênero se afirma nas construções sociais das distinções sociais. Gênero como "elemento constitutivo de relações sociais fundadas sobre as diferenças percebidas entre os sexos (...)" (Scott, apud Viana, 1998:324), sendo, pois, relacional e marcando a experiência humana e as relações sociais. Tal abordagem permite refletir sobre os aspectos do gênero que podem contribuir para uma maior especificidade do envelhecimento de professores, levando-se em conta o espaço escolar como espaço de construção da identidade profissional. Neste sentido, pode-se confirmar que a escolha pela profissão docente de homens e mulheres e o próprio olhar sobre o tempo de trabalho no magistério configuram-se de maneiras distintas. L.A, que faz questão de enfatizar que não se considera professor e sim engenheiro (apesar de ter ministrado aulas por mais de 30 anos) afirma que o magistério surgiu como convite e um acidente de percurso ou aquele que parece aludir aos anos de magistério como um hiato entre o tempo em que morava na Espanha e o tempo em que retomou a apicultura. Assim, para estes, a carreira docente aconteceu por um imprevisto, apesar de trazerem em suas falas e em suas memórias uma professoralidade marcante.

Por outro lado, as mulheres não demonstram os seus ingressos no magistério da mesma forma. Mesmo a professora A. P. quando, por necessidade (viuvez), assume a carreira docente, demonstra a afinidade com as atividades desenvolvidas e o prazer e o sentido dessas embutidas em seu cotidiano. Entretanto, apesar dessas diferenças nos discursos, pode-se verificar que a afetividade que perpassa o magistério e as relações com os alunos permanece na memória de homens e mulheres, ressaltando o "feminino" que prepondera na atividade docente. Feminino no sentido de um modo de marcar as relações sociais pelo cuidado, pela atenção, pelo laborar gradativa e pacientemente as relações com as outras gerações. Nesse espaço conjunto, a escola, a feitura de identidades profissionais, é a mesma para homens e mulheres.

O discurso, talvez, demonstre certa diferença entre professores e professoras pela dificuldade de se assumir, perante o outro, o predomínio do feminino numa identidade marcada por um corpo de homem. Sensibilidade e afetividade não são atributos exclusivos de mulheres (são atributos do gênero feminino) são, porém, maneiras de viver as relações pedagógicas no espaço escolar, abarcando professores e professoras. Quando, pois, o professor L. A. conta que de vez em quando gosta de passear na Escola ou que vez por outra encontra um ex-aluno, percebe-se aí a importância do afetivo que delineou sua prática docente. Da mesma forma o professor O. N. aproveita a sua produção de mel para comercializar e se relacionar com seus ex-alunos, também uma maneira sutil de manter e alimentar o aspecto afetivo de sua professoralidade. Nota-se que no discurso as professoras têm mais facilidade para expressar a importância do afetivo na construção de suas identidades, demonstrando o cuidado com as lembranças guardadas (os retratos, o caderno) e com as atividades atualizadas (ouvinte sendo respeitado, cuidado pelo aprumo do planejamento da programação de rádio — A.P. —, o carinho com os pais idosos — A. Z.).

Se há possibilidade de se destacar, conforme explicita Vianna (1998), que as práticas femininas/masculinas na docência iluminam os valores expressos pela sociedade, percebe-se que, pelo prisma do gênero, há uma certa discrepância entre discurso e prática, pela própria complexidade constitutiva das subjetividades presentes. Mesmo atuando em práticas permeadas por afetividade, por cuidado, generosidade e dedicação ao outro (alunos), o professor ressalta pouco esse aspecto da identidade em sua narrativa, escapando, porém, o seu sentido no tom de voz, nos olhos que acarinham e que se envolvem em lágrimas quando lembranças são evocadas. Ou seja, as professoras explicitam narrativamente estes aspectos enquanto os homens o fazem por outros caminhos. Nessa diferença está a expressão dos valores ainda construídos pela sociedade, em que a afetividade é marca da mulher e autoriza-se e até estimula-se a sua expressão enquanto nos homens releva-se o racional, o discurso mais "seco". Porém, a marca do feminino (como conjunto de determinadas características tanto do homem quanto da mulher) permanece indelével nas identidades profissionais de professores e professoras.

Paradoxalmente, o papel profissional de professores/as exerce-se misturado e carregado das outras funções sociais de mãe/pai, filha/filho, mulheres/homens, esposas/maridos que estes sujeitos têm em outros espaços sociais. Há aí uma interpenetração de identidades que define peculiaridades de ser e de viver a velhice. Permeados/as, portanto, pelos significados culturais dados aos modos de ser feminino e masculino na sociedade, o/a professor/a vai se fazendo e se constituindo nessa dinâmica e nesse jogo dialético em que ser mulher provedora de uma família (como a professora A. P.) ou ser o pai suprindo a falta da esposa (como o professor O. N.) conferem modos de ser peculiares ao seu envelhecimento. Marcas que acompanham a rotina semanal da pesquisa e do programa de rádio ou o cuidado diário com a produção e a venda de mel. Marcas que conferem à velhice uma possibilidade de um continuar sendo no mundo, sendo mais que simplesmente narradas, é a presença da reminiscência que se insere nessas novas (e por isso antigas!) práticas de se ser um/a velho/a professor/a. Como uma reminiscência criadora, que transforma e mantém, que muda e permanece o próprio ser, pois,

> O sujeito só pode ultrapassar o dualismo da interioridade e da exterioridade quando percebe a unidade de toda a sua vida (...). (Benjamin, 1985: 201)

Interessante observar que há, pois, uma internalização de valores e de idéias que vão sendo construídos socialmente e, por outro lado, na imersão da carreira docente os sujeitos vão assumindo modos de ser e de fazer (o *habitus*) que podem apresentar-se como a negação dos valores introjetados por meio de outros espaços sociais. Assim, a escola, como espaço de constituição de uma identidade profissional, com o *habitus* próprio de docência, contribui para um movimento interno de confronto (ou mera acomodação) de idéias em si conflitantes, em relação aos modos de ser e de fazer de homens e mulheres. É como se, sendo homem e mulher na profissão docente, assumissem posturas diferentes de outras que assumem em outros espaços da sociedade. Estas posturas diferenciadoras se complexificam na construção da identidade profissional e parecem ser acomodadas por um movimento de diferenciação entre "o que faço ou fiz" e o que "digo ou disse que fiz". Este é o "drama" do envelhecimento, no sentido de "continuar sendo e não ser mais", por viver subjetivamente lugares sociais distintos, simultaneamente valorando os eventos de suas experiências. De acordo com os estudos efetuados por Fontana (2000), a singularidade e a significação (baseado nos trabalhos de Vygotsky e Politzer) são as características fundamentais do "drama" da personalidade. Ou seja, as experiências sociais que permitem o compartilhamento com os outros também conferem ao sujeito sua singularidade, sendo, pois, os significados partilhados e, ao mesmo tempo, provocadores de uma certa singularidade. Assim,

> Nossa singularidade é lugar de passagem, é uma condição produzida historicamente na dispersão das interações, no desafio de compreender o vivido (nem sempre percebido) nas suas incoerências e contradições. (Fontana, 2000:67)

A velhice é "dramática" justamente por se constituir nesse movimento dialético de ser consigo e ser com o outro, sendo, portanto, polissemia e polifonia, diferenciando-se e assemelhando-se continuamente como ser-que-é e como ser-que-foi, com sua imagem envelhecida e com seus significados num tempo (da memória) do continuar-sendo professor/a.

Assim, a questão dos gêneros, implicada no processo de envelhecimento de professores/as, ilumina algumas diferenças sutis em relação à reconstrução da identidade profissional. Porém, na profissão docente, tal categoria (gênero) não determina diferenças profundas ou polarizadas, visto ser a identidade profissional elaborada em lugares e tempos semelhantes, no espaço da escola e na inserção do *habitus* docente. São basicamente questões de superfície e de diferenças percebidas menos na prática que no discurso, ou seja, mais no que se elabora subjetivamente e menos no que se expõe na narrativa.

Tanto os professores como as professoras ouvidos neste trabalho estão em um movimento cotidiano de "ressignificação" da própria identidade profissional pelo uso de um tempo adaptado e equacionado para extrair o próprio fortalecimento destes laços identitários postos na profissão exercida, optando e esgueirando-se por caminhos (voltar a estudar, manter a leitura do conteúdo que lecionava, trabalhando em rádio, produzindo mel) que mantêm a sua professoralidade, independentemente do fato de serem homens ou mulheres, apenas velhos/as professores/as.

De acordo com Dubar (1997), a identidade é uma construção que se inicia na infância e se processa por reconstruções ao longo da vida, por sucessivas socializações.[10] Coincidentemente, os professores L. A. e O. N. construíram o seu percurso profissional no magistério como um atalho. Isto é, em atividades outras (um como engenheiro e outro como apicultor), se vêem diante da necessidade (ou de uma nova oportunidade ou como um meio de sobrevivência) de trilhar o magistério. Não parece uma opção e uma escolha guiada pela vocação, mas sim como uma outra atividade que facilitaria, em parte, conservar os conhecimentos adquiridos para e na atividade primeira deles. Sendo, pois, a identidade um processo, observa-se que, com a aposentadoria e o afastamento desses professores do exercício docente, uma identidade, cristalizada por anos e escamoteada pelas atividades cotidianas do magistério, ressurge. O engenheiro que se fez professor surge na memória e na lembrança como uma negação de seu tempo de magistério ("... eu era melhor como engenheiro..."). E o apicultor recupera seu espa-

---

10. Socialização entendida, segundo Dubar (1997), como um processo interativo e resultando de inúmeras negociações entre o indivíduo e o social, desenvolvendo uma dada representação de mundo.

ço no cotidiano do professor O. N., transformando os anos de docência em fracas lembranças confinadas na memória.

Esse movimento de reconstrução de identidades, resgatando e relevando a atividade anterior à profissão do magistério, pode ser um indicador da desvalorização desta profissão e, neste sentido, o próprio processo de recuperação de uma outra identidade pode ser a negação do ter-sido professor. Para os homens, inseridos num mundo que lhes exige sucessos e competências em atividades de prestígio social e, interiorizando os valores subjacentes ao gênero masculino, enfatizados pela sociedade, resguardar a profissão docente seria uma maneira de manter a desvalorização que subjaz ao sujeito que a assume como sua principal atividade. Dessa forma, negar o magistério como uma profissão principal e exercida com competência é um modo de elaborar, subjetivamente, a sua própria valorização como sujeitos sociais. Enquanto para as mulheres o magistério representa uma conquista no espaço social, uma profissionalização que é um prolongamento do espaço privado, a aposentadoria é um tempo de continuar sendo, subliminarmente, pelas lembranças. Outrossim, os homens enfraquecem tais lembranças, porém sua professoralidade mantém-se na fala, nos gestos, na maneira de expor idéias e desenvolver temáticas diversas. O professoral, pois, se faz presente de maneira escusa, e sobre ele não há referência explícita na narrativa.

Por outro lado, aquele que se negou a narrar seu percurso profissional (P. M.) talvez seja o que tenha, verdadeiramente, resguardado o seu ser-professor. E de tal forma que carrega consigo o estilo de professor que foi e, cristalizando-o, impede-se de esquecer o vivido e revive-o no seu cotidiano, saindo do espaço escolar para outros espaços a sua singular professoralidade. Após 43 anos como professor, não há possibilidade de se resgatar uma outra identidade, pelos meandros de uma construção anterior. Pois é uma vida toda desenvolvendo e trilhando o mesmo *habitus* profissional,[11] amarrando as dobras interiores de tal forma que, mesmo não mais estando como ator em um determinado campo social (o espaço escolar), mantém a atuação, para continuar se reconhecendo como sujeito na sociedade.

De acordo com o percurso profissional, em que o sujeito se adequa ao papel de professor/a e constrói sua identidade profissional enraizada no *habitus* da profissão, ocorre uma passagem suave ou não para a aposentadoria. Ou seja, a qualidade do percurso profissional (sucesso ou insucesso, satisfação ou insatisfação, realização ou fracasso) e a interiorização e identificação com o papel profissional são elementos definidores do próprio processo de envelhecimento, conferindo possíveis singularidades (idiossincrasias) do tempo da aposentadoria. Ou se reelabora a identidade profissional executando atividades afins à professoralidade (tornar-se radialista como a professora A. P. ou estudar matemática como o professor L. A. ou a professora A. Z. que pretende investir em outra profissão) ou provoca uma desconstrução da identidade profissional, resgatando "dobras" enraizadas anteriormente ao exercício da profissão que, conforme Dubar (1997:227), se configura uma "recuperação de identida-

---

11. O conjunto de práticas específicas à atuação e adequação no exercício profissional.

de" (como o professor O. N. que retomou o apicultor no seu dia-a-dia).

Por outro lado, pode ocorrer um enrijecimento da identidade profissional quando as brechas de desconstrução e/ou reelaboração não são possíveis e, então, corre-se o risco do chamado processo de "dissociação do eu" (Dubar, 1997) em que o sujeito percebe que seu eu pode não mais estar em conformidade com o estado atual de socialização (como o professor P. M. que busca manter seu comportamento singular de docente para alimentar a expectativa do outro generalizado). Assim, envelhecer na aposentadoria supõe lidar com dois processos que caminham juntos e que se interagem, produzindo uma subjetivação que, carregada pelo passado e marcada pelas lembranças de uma profissão exercida, vai impingindo novas dobras conforme o movimento dessa interação. O processamento, pois, desses movimentos de aposentadoria e de envelhecimento assume um contorno subjetivo que ultrapassa o presente, revitalizando aspectos do passado e configurando perspectivas.

Novas cartografias de um sujeito que se sente expulso de suas atividades que lhe conferiam uma determinada identidade social e que, nesse mapa subjetivo, traça linhas outras para minimizar o estranhamento de um corpo que enruga e que lhe escapa. Universos simbólicos são revistos e reelaborados para que haja a dobradura de outros universos simbólicos a fim de se conservar o estar-no-mundo numa continuação do mundo vivido na profissão. Da mesma forma que esse mundo vivido na profissão mantém sua presença num mundo fora da atividade exercida, mas incrustada nos gestos, no vocabulário. Enfim, uma professoralidade que teima em se manter presente na cotidianidade de velhos/as professores/as.

Pode-se considerar que a aposentadoria "na velhice, assim como a escolha do" ofício "exige a invenção de estratégias pessoais de apresentação de si, ou seja, "a construção pessoal de uma estratégia identitária que põe em jogo a imagem do eu, a apreciação de suas capacidades, a realização de seus desejos". (Dubar, 1997:114) Avançando um pouco mais no intuito de compreender esse movimento, a aposentadoria como acontecimento é um elemento que exerce a função mediadora entre profissional-professor/a e o seu processo de envelhecimento, pois a primeira legitima a subjetivação da segunda. Ou seja, no confronto com as novas gerações na caminhada biográfica e no espaço escolar, quando o/a professor/a vai se sentindo pressionado (implícita ou explicitamente, pelas inovações que não consegue acompanhar ou aceitar) pela estrutura do trabalho, a justificativa do afastamento busca no envelhecimento a sua razão. Aposenta-se porque se sente velho e, assim, a aposentadoria revela-se um tempo de envelhecer. Tal consideração pode ser consubstanciada nas narrativas do professor O. N. e L. A. A questão do envelhecimento das professoras não está posto claramente nos seus discursos. Pelas articulações do imaginário social, cabe às mulheres cultivar o embelezamento e manter atratividade, numa sociedade que elege a aparência como principal elemento de apresentação de si. Tornando o estigma do envelhecimento uma negação em seu discurso, bem como buscando negar também a aposentadoria como tempo de improdutividade (mantendo ou iniciando outro tipo de atividade produtiva, como as professoras A. Z e A. P.)

> Subjetivamente, a mudança social é, portanto, inseparável da transformação das identidades, isto é, simultaneamente inseparável dos "mundos" construídos pelos indivíduos e das "práticas" que decorrem destes "mundos". (Dubar, 1997: 99)

As fissuras internas advindas da profissão do magistério, assim como de todo o mundo social, caracterizam o tempo da aposentadoria e impingem marcas no próprio envelhecer de professores/as. A invenção de novas formas de lidar com o afastamento do exercício profissional faz-se mister numa sociedade que caminha para um tempo de lazer, de acordo com De Masi (1999). Um processo paulatino que vem ocupando as agendas institucionais (governos, universidades, associações de bairro etc.), no sentido de oferecer atividades e programações específicas para o ser velho, deve ocupar-se previamente com os sentidos que foram sendo construídos por esses sujeitos em seu tempo de trabalho. Sentidos que ultrapassam o espaço profissional e insurgem na cotidianidade de seres humanos que ainda vêem na profissão perdida (porque não exercida) o referencial primeiro que sustenta seus desejos, suas lembranças e seus sonhos. Assim, ao desenvolver programas para a chamada "terceira idade", torna-se necessário cuidar para que não se legitime uma exclusão disfarçada de lazer. É o que Dubar denomina de "desestruturação durável nos indivíduos". Novos jogos, novas articulações relacionais são possibilidades para se garantir a não exclusão desses sujeitos aposentados e em envelhecimento.

Porém, os riscos da solidão, da perda de auto-estima, da autodesvalorização minimizam-se para os/as velhos/as docentes. Pois, pela lembrança e pela evocação de antigos e eternos alunos/as, eles/as serão sempre "o/a professor/a". Essa evocação subverte o sentimento do não-ser-mais professor/a e não-estar-mais-na-escola, possibilitando movimentos reconstrutivos de memória e de resgate de sua professoralidade. Distantes no espaço e próximos no tempo de seu ser-sempre-professor/a.

Encenando a mineiridade

> *O registro é o documento, o monumento..., mas também está na montagem das casas, na organização do guarda-roupa, nos alimentos que se come... em todas das facetas e formas da organização/administração cotidiana da vida.*
>
> Critelli, 1996:103

Nas narrativas registradas, percebe-se o rastro da mineiridade (por isso, humanidade) de professores/as que fizeram do espaço escolar o seu espaço de construção da identidade profissional e de uma certa mineiridade. Otávio Dulci (1999), da UFMG na tentativa de desmontar o estereótipo da mineiridade destaca que o uso dessa marca não é necessariamente popular.

Porém, o sentido posto neste trabalho é a mineiridade como possibilidade singular e distintiva de se habitar uma história e uma paisagem cravada entre montanhas e rios, num percurso marcado por uma imagem que define para os outros a maneira própria de se ser, sendo mineiro. Então, o termo mineiridade aqui exposto reflete a tentativa de demarcar e situar o jeito peculiar de viver neste espaço, considerando, de antemão, as muitas Minas destas Gerais, conforme o dizer de Guimarães Rosa. Pelas práticas discursivas pode-se verificar a mineiridade, um certo jeito mineiro de costurar o processo de envelhecimento, num ritmo próprio, num léxico que comanda o fluxo das frases e da memória articulada com a profissão vivida. Porque o/a professor/a mineiro/a carrega consigo as marcas também desse encontro do corpo com a cidade, da alma com a paisagem, da razão com a história e do afetivo com o outro. Mesmo não nascido mineiro, torna-se mineiro pelo que experiencia e potencializa, nas relações sociais, esta mineiridade expressa no discurso, nos gestos, no olhar, na professoralidade.

Essa mineiridade expressa e identificada nas narrativas desses velhos/as professores/as aponta para uma característica que lhe é imperiosa: o aforismo. Viver a velhice por meio da mineiridade significa estar-no-mundo por meio de fluxos, de cores, de meandros e nuanças que sustentam e mantêm uma certa forma de existir nas esquinas, nas praças, nos coretos, nos cafés das Gerais. Ou seja, a velhice na mineiridade é justamente o aforismo, a demarcação de um modo de ser que flui, que enuncia e anuncia a singularidade do envelhecimento de professores/as. Pois, aforismo, sendo "(...) os preceitos para tornar feliz, ou menos infeliz, a existência humana, conservando assim na palavra o seu significado de máxima ou regra para dirigir a atividade prática do homem" (Abbagnano, 1998:21), a mineiridade que marca as narrativas dos/as professores/as velhos/as apresenta-se como um conjunto de preceitos e de modos de viver que vai além dos compêndios e dos conhecimentos didatizados e curriculares. São conhecimentos que advêm do vivido, do processado e que, subjetivados, incorporam-se no cotidiano daqueles/as que, encarnados/as em seu meio, delimitam sua singularidade de professores/as. Pode-se, pois, sustentar que há aforismo no viver a mineiridade no envelhecimento por se constituir em intensidade de vida, em recriação de espaço e construção de um tempo de criação, de recriação e de autocriação. Um tempo de se viver a velhice pela intensidade da memória, por seu esquecimento, elaborando aforismos que lhe garantam uma territorialidade necessária ao reconhecimento de si e à manutenção da identidade construída no decorrer da própria atividade docente formal, institucionalizada. Este aforismo é resultante de um deixar afetar-se pela presença-ausência do outro que partilha o espaço da cidade, que se assujeita aos acontecimentos inevitáveis, que se aventura na conquista de outros espaços (o outro pai e mãe idosos, os antigos alunos, os ouvintes do programa, o autor daquele livro que está sendo lido, a relação mais que comercial com os compradores de mel). Estar vivendo o envelhecimento na mineiridade é constituir uma singularidade partilhada e, na narratividade, expor a memória por aforismos, por sabedoria de um viver mundano, encarnado, concreto e inventando outros espaços-tempo.

Transfazendo o tempo de ser: a professoralidade como arte

> *O vivente cria alguma coisa diferente e muito mais importante: o nível de ser que chamamos de vida e a infinidade de modos de seres e de leis que lhe concernem (...). O vivente (certos viventes) cria a cor.*
>
> Castoriadis, 1999:217

O tempo, pois, da velhice para professores/as pode significar o tempo de uma existência reencantada, em que ocorre uma renovação de uma identidade profissional em outros lugares existenciais por meio de um movimento subjetivo de lidar com os significados das lembranças retidas pela memória. Lembranças de salas de aulas, recordações de momentos de ensino e de aprendizagem, de registros e de sucessos. Observa-se que as dificuldades, as frustrações não mais têm espaço para serem evocadas. Pelo distanciamento do *locus* de trabalho, sofrido no processo de aposentadoria, o que mantém a proximidade do mesmo são as boas lembranças, uma memória seletiva que engendra e alimenta subjetivamente o/a professor/a em seu envelhecimento. Uma memória que garante um viver criativo, porque atualiza o ritual da rotina, o *habitus* da profissão por meio de uma outra disciplina, de atividades novas que são incorporadas no tempo do "ócio". É como se, livres dos dispositivos que antes aprisionavam corpos em horários rígidos e em atividades de rotina, na aposentadoria experimentassem um tempo de reafirmação de uma identidade profissional genuína, expondo e permitindo um olhar encantado sobre a própria profissão.

Assim, o reencantamento existencial pode ser a tônica para um envelhecimento que se subjetiva pela transformação da vida em arte, no sentido de a vida, de acordo com Nietzsche, constituir-se o propósito mesmo da arte. A vida já não mais se limita à sobrevivência, à necessidade de trabalhar para produzir riqueza (que riqueza?), mas torna-se veículo e meio de atingir um existir estético.

Dias (In: Lins, 2000), ao efetuar um estudo sobre a estética nietzchiana, resgata o sentido da vida como arte por meio de dois elementos fundamentais: o sonho e a embriaguez. Ou seja, o sonho, baseado na necessidade de ordenação, na necessidade de ritmar o tempo, de delinear o caos, de distinguir-se dos demais é uma condição da existência pela arte. Ademais, seguindo a análise da autora e estabelecendo um paralelo com o próprio processo do envelhecimento, "Apolo é também o deus da serenidade que, tendo superado o terror instintivo em face da vida, a domina com um olhar lúcido e sereno" (Dias, in: Lins, 2000:10) É o espectro de Apolo no existir de professores/as que permite um reordenamento de suas rotinas em que é possível inserir e recriar a própria professoralidade, atualizando, desta forma, sua identidade profissional. Apolo pode ser percebido pela maneira como o cotidiano vai sendo arranjado nas horas definidas para leituras, pelas pesquisas realizadas para o programa de rádio, o compromisso com a apicultura ou o plano de voltar a estudar.

Outro elemento que substancia a existência pela arte é a embriaguez. Um estado que destrói, que dilacera, mas que garante o êxtase, o prazer nas pequenas mudanças, nas atividades novas que vão sendo criadas. A intensidade que define o tempo da velhice está na possibilidade de manter o vínculo com a própria identidade construída no exercício profissional através de dinâmicas que permitem o uso de seu *habitus*, seja na conversação, nos detalhes cotidianos, nas novas atividades, nos encontros esporádicos com ex-alunos. São professores/as que dionisiacamente se percebem "eternos/as professores/as" nesse espaço de intensidades vividas/sentidas.

Essa maneira de continuar sendo num tempo criado esteticamente, preservando, pela memória e pelo modo de vida, aspectos positivos e belos vividos no decorrer do exercício profissional, corrobora a possibilidade de se viver a velhice como um existir com arte, pois tem o objetivo de

> (...) embelezar a vida, portanto, fazer com que nós próprios nos tornemos suportáveis e, se possível, agradáveis uns aos outros; com esta tarefa em vista, ela (a arte) nos modera e nos refreia, cria formas de trato (...). Em seguida, a arte deve esconder ou reinterpretar tudo o que é feio, aquele lado penoso, apavorante, repugnante (...) em vista das paixões e das dores e angústias da alma (...), fazer transparecer o significativo. (Dias, 2000:16-17)

Neste sentido da existência como exercício de arte encontra-se a explicação para uma memória que, nas narrativas, se mostrou seletiva, afastando o "feio" e o apavorante do vivido, ou seja, mostrou apenas o lado que conferiu satisfação e realização no exercício do magistério. É o sentido posto no cotidiano, de um viver poeticamente, entendido como um viver apostando na boa lembrança e resguardando as marcas mais profundas de uma profissão vivida com e pelo outro. É a construção de uma memória-outra que recria e reinventa o próprio existir no tempo e o que Nietszche (1998) denominava de "memória-vontade", como aquela marcada pelo esquecimento, necessário à própria sobrevivência e recriação de si. "Esquecer para não morrer de memória" (Lins, 2000:51). Essa memória-vontade, que possibilita a renovação da existência supõe, pois, um certo esquecimento. É necessário esquecer as agruras vividas, o dia-a-dia penoso da docência, os jogos de poder para continuar sendo-professor/a na lembrança e no espaço de recriação do próprio cotidiano, libertando-se de um certo tempo para manter um existir criativo. O professor P. M., ao negar-se reapropriar-se de sua própria memória e ao apresentar-se ainda marcado pelo seu estilo, conserva um certo tipo de memória que o aprisiona e que seria necessário ser esquecida, para que outros espaços existenciais fossem possíveis de serem conquistados e construídos em sua velhice. Nele encontram-se cristalizações de um modo de ser que desfavorece a reinvenção de sua singularidade no afastamento do *locus* de trabalho, por não ter seu passado de professor. O passado deve nutrir a vida e não paralisá-la. Lidar com o tempo vivido significa apreendê-lo em sua vitalidade para que esta conduza o ser humano a mais vida, esquecendo o necessário para inteirar-se de um estar-no-mundo de maneira renovada, revista, reinventada para que este tempo vivido seja um tempo fundador, um tempo de novas possibilidades de existência.

Dessa forma, um viver apolíneo, em que se exercita a capacidade de se ver a distância, através do tempo (*Cronos*) e, ao mesmo tempo, impingir ao existir o dionisíaco, tornando-se o que é, num tempo *kairós*. E é neste tempo *kairós* que o/a professor/a vai cultivando a si mesmo, num movimento permanente de recriação ao apreender o vivido em novas roupagens, atualizando-o justamente para manter a possibilidade de continuar sendo em espaços existenciais construídos na velhice. Segundo Lins (2000), a memória que seleciona pelo esquecimento traduz a possibilidade de um projeto de futuro. Ou seja, a memória trabalhada pelo esquecimento e revista para a introdução do novo, de uma singularidade na existência, corresponde a um projeto de futuro, sendo, metaforicamente, uma recordação (antecipação) do futuro. De acordo com De Masi, o tempo do ócio pode e deve ser potencializado para a criação do novo, de um tempo em que o ser humano possa subtrair a poiésis, desatando os nós de um passado para recolocá-los em formatos de teias, criando e compondo cenários e espaços existenciais outros que possam manter e atualizar permanentemente o vivido e o construído como identidade.

Essa recriação do existir é uma maneira de ir elaborando significados positivos para o processo singular do envelhecimento, sendo o exercício mesmo da "autopoíesis". Não se trata da negação do vivido, mas de uma forma de incorporar o passado de tal maneira que permita ao/a professor/a o resgate de sua imagem como o/a professor/a que foi e que, por ter sido, se mantém nas rugas da pele, na impostação da voz, nos gestos de um eterno exercício docente. Um exercício docente que se transfaz em outros espaços, em prosa e em verso, em novas relações, em narrativas de lembranças e em objetos de amparo (o caderno das alunas, o livro de matemática), em que "tudo permanecerá como agora, apenas modificado".

Ou seja, a velhice, menos do que um começo do fim, apresenta-se como a possibilidade de um começo, em que, mesmo tudo sendo igual, numa presença permanente da professoralidade, carrega a potência do mesmo jogo, porém, modificado. Do espaço público para o privado, da sala de aula para a sala de estar, da escola para o estúdio de rádio, das aulas para a apicultura e sempre num entrelaçamento com um novo que se torna um sempre subjetivado modo de existir. É a vida que vingou, pela madeira dura, mas também suave e cheirosa. É a manhã que, segundo o poeta, mesmo "guardada, rompe a madrugada, fazendo o sol brilhar".

Entrelaçando fios: considerações finais

> *A existência não é um estado, mas um ato; é, pois algo dinâmico, que se cria a si mesmo continuamente, que luta por si, que dá a si sua própria forma.*
>
> Giordani, 1997:22

Ao empreender uma busca da singularização do envelhecimento de professores/as, vozes narraram modos de viver a velhice fortalecida pela identidade profissional. Ter sido professor/a supõe a configuração de uma existência carregada do *habitus* profissional elaborada e internalizada durante o exercício da profissão. *Habitus* que permanece na cotidianidade dos/as professores/as por suas lembranças, gestos, discursos e maneiras de se expressarem.

Estar na aposentadoria, longe de ser um tempo do não-ser, revela-se um tempo de continuar-sendo construtor de espaços existenciais em que a identidade do professor/a se atualiza permanentemente pelos novos arranjos que cada um articula no seu cotidiano.

O exercício da memória, num movimento de esquecimento-lembrança, permite que a professoralidade seja expressa nos pequenos e sutis modos de viver a cotidianidade, sempre marcada por um "tempo-síntese", de "ressignificação" do tempo vivido e de um projetar por meio de um tempo do porvir.

Assim, percebe-se que a singularização do envelhecimento de professores/as não está apenas na profissão docente, mas na maneira como cada ser humano "ressignifica" e sintetiza o tempo vivido, os seus anos e lembranças de juventude mantendo e atualizando a sua identidade profissional construída no percurso de uma carreira (seja ela de profissional liberal, da saúde etc.).

Da mesma forma que há um modo próprio do/a professor/a viver a sua velhice, também outras atividades profissionais podem tecer singularmente o envelhecer de homens e mulheres. Porém, a qualidade desse processo de tecedura articula-se com os modos de viver que cada indivíduo elabora e subjetiva no espaço cultural e nos meandros das relações afetivas (com o outro) que permeiam o seu estar-no-mundo e o seu estar se subjetivando no *locus* profissional, seja este qual for. É, pois, a identidade profissional um ponto de ancoragem de inserção do ser velho tanto no espaço público (mantendo o seu personagem) quanto no espaço privado (operando o cotidiano com alguns *habitus* da profissão), possibilitando o reconhecimento de si, como identidade que, mesmo modificada, permanece na subjetivação de seu cotidiano. Assim como o/a professor/a produz modos de inserção diferenciados (na forma de se relacionar com o outro, na maneira de organizar seu dia-a-dia e na forma como lida com o tempo livre, em suas atividades de lazer), outros profissionais também devem apresentar suas singularidades no envelhecimento. Nesse sentido, cabe destacar que, seja na profissão docente ou em qualquer outra, a aposentadoria pode se constituir num tempo de "dar pousada" a um novo ser, nutrindo identidades, atualizando-as e singularizando-as pela capacidade da memória de resgatar o sujeito construído e elaborado no espaço público, para reencaminhá-lo a outros espaços existenciais possíveis para uma velhice bem-sucedida. É a aposentadoria como um tempo de vida que opera uma desconstrução do vivido (pela memória e evocação da trajetória) para que este tempo seja "ressignificado" como possibilidade de constante atualização da própria identidade profissional.

Nestas páginas, a escuta cuidadosa e respeitosa foi trabalhada com idosos/as singulares, não apenas por partilharem uma mesma profissão, mas também e principalmente por carregarem em seus modos, discursos e no próprio cotidiano, um traço cultural comum: a mineiridade, que deve ser lida como a encarnação de um conjunto de hábitos, costumes, panoramas, ritmos e sons que singularizam uma comunidade, que tornam possível o partilhamento do espaço público e o reflexo deste nos espaços privados habitados por todos. No ir e vir desses espaços, do público ao privado, os sujeitos vão incorporando, modificando, adequando, "ressignificando" o que os tornam integrantes e incluídos na trama da convivência: essa denominada mineiridade aqui por ter sido estudado e refletido sobre o/a professor/a mineiro. Mas outros professores, de outros lugares, construindo trajetórias em outros espaços sociais, também se singularizam, tanto pelo exercício profissional como pela maneira como se inserem no conjunto do espaço cultural e histórico que lhes serve de morada (seja no sul, norte, nordeste ou centro-oeste deste país). Modos de ser e viver nos espaços sociais singulares marcam o exercício profissional, conferindo à identidade profissional uma singularidade que vai sendo revelada também no processo de envelhecimento de seres singulares.

Neste arremate final, torna-se necessário destacar que a velhice pode ser melhor vivida e subjetivada a partir da identidade profissional que se constrói no decorrer do tempo do trabalho. Profissões que possibilitem modos e significações interpessoais, pelas relações que se estabelecem com os outros pelas marcas que podem ser deixadas nas lembranças do "outro" seja cliente (profissionais liberais, por exemplo), paciente (profissionais da saúde) ou companheiros de atividade são potencialmente garantidoras de um envelhecer bem-sucedido. Ou seja, os sujeitos velhos que tiveram a oportunidade de exercerem atividades com significados nas relações humanas podem, no tempo da aposentadoria, ter a possibilidade de alimentar e ancorar sua própria identidade profissional nas boas lembranças, na certeza de que seu trabalho e seus anos de atividades profissionais deixaram marcas. Assim, a eternização no outro da imagem construída pela própria identidade profissional pode resultar em ganhos no tempo da velhice. Pois, nesse sentido, esses sujeitos serão alimentados pelas lembranças, agraciados pelo reconhecimento do outro naquilo que continuam sendo, mesmo afastados do *locus* do trabalho.

Percebe-se que o modo como homens e mulheres lidam com o tempo livre, singularizando-o de acordo com hábitos e *habitus* profissionais, também mostram que a qualidade do tempo de trabalho pode interferir e qualificar o próprio envelhecimento. Os professores/as carregam consigo a sua professoralidade e seu *habitus* docente para o seu cotidiano, tanto no espaço público como privado, mantendo leituras, desenvolvendo atividades similares, assumindo o cuidado com o outro por ser a docência uma atividade privilegiada em termos de possibilidades. O exercício docente permite a formação de uma identidade profissional vinculada ao outro, no sentido de ser responsável e acompanhar o seu processo de desenvolvimento, além de exigir do cotidiano do/a professor/a criatividade, a busca do novo, a reflexão permanente. Ademais, a docência é uma profissão permeada pela comunicação, pela oralidade e pela afetividade que irão permanecer no tempo da aposentadoria, justificando este como um tempo de continuar-sendo.

Por isso, o privilégio de se ser professor/a pela própria possibilidade de esta carreira permitir um levar para o tempo da aposentadoria o sentido da realização de ações significativas, que refletiram na maneira de organizar o cotidiano no envelhecimento, configurando-lhe modos singulares de estar-no-mundo. Profissões, pois, que tenham uma singularidade em termos de propiciar uma realização significativa, carregada de afetividade e de projetos podem também constituir meios de garantir um singular processo de envelhecimento. O professor/a educa o outro e, ao educar o outro, educa a si mesmo e ao próprio envelhecimento a partir de suas lembranças. E os outros profissionais, de outras áreas, podem apreender significados em suas atividades de trabalho que lhes favoreçam também um modo singular de viver a própria velhice. Espaços e tempos subjetivados no exercício profissional que configuram espaços e tempos no tempo da velhice. Espaços estes que poderiam, ademais, possibilitar o encontro entre esses sujeitos que carregam vivências e práticas que muito auxiliariam na elaboração-construção de um estar-no-mundo com outras gerações. A criação de tais espaços poderia configurar-se no caso de professores/as velhos/as em oportunidades de resgate de memória e de apoio aos projetos pedagógicos de escolas ou de associações de bairro. Seria, assim, o resgate de uma função social já defendida por Bosi, ou seja, o profissional velho/a impingindo sua marca nas novas gerações, por meio do exercício, publicização e registro (oral e/ou escrito) da própria memória.

Em toda essa trajetória de reflexão, de escuta e de compreensão, muitas questões foram surgindo e outras, certamente, mantiveram-se no silêncio das frases ouvidas ou elaboradas. Porém, a principal questão que permeou e que operou como uma linha de arremate numa colcha de vozes e conceitos, de dúvidas e de obscurecimentos, foi a referente à singularização da velhice a partir da profissão. Nesta demarcação os fios do tempo de vida e do percurso profissional foram fundamentais para um certo e minúsculo desvelamento da velhice como um processo que se constitui pela heterogeneidade de trajetórias de seres humanos. Homens e mulheres que no seu-estar-mundo vão se fazendo, menos por serem velhos do que por serem historicamente encarnados num tempo e num espaço existenciais que os fazem ser, sempre, seres singulares. E nesse estar-no-mundo, homens e mulheres vão impingindo seus passos e deixando suas pegadas por onde passam e levando, consigo, rastros de seus incessantes percursos, pois:

Caminhar sem destino pra chegar.
E quem sabe se o destino
Seja sempre caminhar.

Bezerra, 1998:23

REFERÊNCIAS BIBLIOGRÁFICAS

ABBAGNANO, Nicola. *Dicionário de filosofia*. São Paulo, Martins Fontes, 1998.

AULETTE, Caldas. *Dicionário Contemporâneo da Língua Portuguesa*. v. I. Rio de Janeiro, Delta, 1958.

ANDRADE, Carlos Drummond de. *A rosa do povo*. Rio de Janeiro, Record, 1996.

_____. *Amar se aprende amando*. Rio de Janeiro, Record, 1995.

_____. *A vida passada a limpo: a falta que ama*. Rio de Janeiro, Record, 1994.

ANTUNES, Ricardo. *Os sentidos do trabalho*. São Paulo, Boitempo, 1999.

ARENDT, Hannah. *A condição humana*. Rio de Janeiro, Forense, 1993.

ASMANN, Hugo. *Metáforas novas para reencantar a educação*. Piracicaba, Editora Unimep, 1996.

BALANDIER, Georges. *A desordem: elogio do movimento*. Rio de Janeiro, Bertrand do Brasil, 1997.

BARROS, Myriam Moraes Lins de. (org.). *Velhice ou Terceira Idade?* Rio de Janeiro, Getúlio Vargas, 1998.

BENJAMIN, Walter. O narrador: considerações sobre a obra de Nikolai Leskov. In: *Magia e técnica, arte e política*. Obras escolhidas, v. 1. São Paulo, Brasiliense, 1985.

_____. Experiência e pobreza. In: *Obras escolhidas I*. Trad. S. P. Rouanet. São Paulo, Brasiliense, 1987.

BEZERRA, Gildes. *Cantações*. 2. ed. Itajubá, Gráfica Irmão Gino, 1999.

BEZERRA, Gildes. *Recantares*. 2. ed. Itajubá, M7M, 1998.

BIANCHI, Henri. *O eu e o tempo: psicanálise do tempo e do envelhecimento*. São Paulo, Casa do Psicólogo, 1993.

BICUDO, M. Aparecida V. & ESPÓSITO, Vitória H. C. (orgs.). *Joel Martins... Um seminário avançado em fenomenologia*. São Paulo, Educ, 1997.

BOFF, Leonardo & TENÓRIO, Waldecy. *O simbólico e o diabólico: dramas e tramas*. São Paulo, Educ, 1999.

BOGDAN, Robert & BIKLEN. *Investigação qualitativa em educação: uma introdução à teoria e aos métodos*. Porto, Porto Editora, 1994.

BORBA, Amândia Maria de. *Identidade em construção: investigando professores das séries iniciais do ensino fundamental na prática da avaliação escolar*. São Paulo, PUC, 1999. Tese de Doutoramento.

BOSI, Ecléa. *Memória e sociedade: lembranças de velhos*. São Paulo, Companhia das Letras, 1994.

BOTH, Agostinho. *Conversas sobre a terceira idade ou Fragmentos para uma gerontologia*. Passo Fundo, Editora UPF, s/d.

_____. et al. *Fundamentos de gerontologia*. Passo Fundo, Editora UPF, 1994.

BOURDIEU, Pierre. *O poder simbólico*. 2. ed. Rio de Janeiro, Bertrand Brasil, 1998.

_____. *Razões práticas*. Campinas, Papirus, 1996.

_____. *A dominação masculina*. Rio de Janeiro, Bertrand Brasil, 1999.

BRUSCHINI, Cristina & HOLLANDA, Heloísa Buarque de. *Horizontes plurais: novos estudos de gênero no Brasil*. Rio de Janeiro, Editora 34, 1998.

BUENO, Belmira Oliveira; CATANI, Denice Barbara & SOUSA, Cynthia Pereira de. *A vida e o ofício dos professores*. São Paulo, Escrituras, 1998.

CADERNOS DE ENVELHECIMENTO — V. 1, Ano I, Porto Alegre, Núcleo de Estudos Interdisciplinares de Terceira Idade da Prorext/UFRGS, 1999.

CAMARANO, Ana Amélia & BELTRÃO, Kaizó Iwakami. O idoso no mercado de trabalho. In: *Como vai? a população brasileira*. IPEA, ano III, n. 3, dez./1998, 2-6.

CARVALHO, M. C. B & NETTO, J. P. *Cotidiano: conhecimento e crítica*. São Paulo, Cortez, 1996.

CASTORIADIS, Cornelius. *Feito e a ser feito: as encruzilhadas do labirinto V*. Rio de Janeiro, DP&a, 1999.

_____. *A instituição imaginária da sociedade*. 3. ed. Rio de Janeiro, Paz e Terra, 1991.

CÍCERO, Marco Túlio. *Saber envelhecer*. Tradução de Paulo Neves. Porto Alegre, L&PM, 1999.

COSTA, Elisabeth Maria Sene. *Gerontodrama: a velhice em cena*. São Paulo, Ágora, 1998.

COSTA, Jurandir Freire. *Razões públicas, emoções privadas*. Rio de Janeiro, Rocco, 1999.

CHRISTOFOLETTI, Rogério. Multiplicidades, arqueologia e análise do discurso. In: *Revista Ciências Humanas*. Florianópolis, n. 25, p. 117-132, abril/1999.

CRITELLI, Dulce Mára. *Analítica do sentido: uma aproximação e interpretação do real de orientação fenomenológica*. São Paulo, Educ/Brasiliense, 1996.

CRUZ, Manuel. *Tiempo de subjetidad*. Barcelona, Paidós, 1996.

DEBERT, Guita Grin. *Antropologia e velhice*. Coleção Textos Didáticos. Campinas, IFCH/UNICAMP, n. 13, março, 1994.

DELEUZE, Gilles. *Lógica del sentido*. Barcelona, Paidós, 1994.

_____. *Foucault*. São Paulo, Brasiliense, 1988.

DE MASI, Domenico. *A sociedade pós-moderna*. 2. ed. São Paulo, Senac, 1999a.

_____. *O futuro do trabalho*. 2. ed. Rio de Janeiro/Brasília, José Olympio/Editora da UnB, 1999b.

DE MASI, Domenico. *O futuro do trabalho: fadiga e ócio na sociedade pós-industrial*. 2. ed. Rio de Janeiro, José Olympio/Editora UnB, 1999.

_____. *O ócio criativo*. Rio de Janeiro, Sextante, 2000.

DIAS, Rosa M. In: LINS, Daniel et al. (orgs.). *Niestzsche e Deleuze: intensidade e paixão*. Rio de Janeiro, Relume-Dumará, 2000.

DULCI, Otávio. In: *O Estado de São Paulo*, 26/12/99, Caderno A, p. 9.

DUMAZIER, Joffre. *A revolução cultural do tempo livre*. São Paulo, Nobel/Sesc, 1994.

DUBAR, Claude. *A socialização: construção das identidades sociais e profissionais*. Porto, Porto Editora, 1997.

FINK, Eugen. *A filosofia de Nietzsche*. Lisboa, 1988.

FONTANA, Roseli A. Cação. *Como nos tornamos professoras?* Belo Horizonte, Autêntica, 2000.

FREITAG, Barbara & ROUANET, Sérgio Paulo. *Habermas*. São Paulo, Ática, 1993.

FREITAS, Cláudia Rodrigues de. Subjetividade, poder e diferença: marcas de mulheres-professoras em escola especial. In: *Revista Ciências Humanas*, Florianópolis, Edição Especial Temática, 1999.

GADAMER, Hans-Georg. *Verdade e método*. Petrópolis, Vozes, 1997.

GIDDENS, Anthony. *As conseqüências da modernidade*. São Paulo, Editora Unesp, 1991.

GIORDANI, Mario Curtis. *Iniciação ao existencialismo*. Petrópolis, Vozes, 1997.

GOFFMAN, E. *A representação do eu na vida cotidiana*. 7. ed. Petrópolis, 1996.

_____. *Estigma: notas sobre a manipulação da identidade deteriorada*. 4. ed. Rio de Janeiro, Guanabara, 1988.

GOLDFARB, Delia Catullo. "Corpo e temporalidade. Aporte para uma clínica do envelhecimento". In: *Revista Kairós Gerontologia*. São Paulo, 1 (1): 103-110, 1998.

GOUVÊA, Maria Augusta Christo de. *Vivendo as perdas sem danos*. 2. ed. Petrópolis, Vozes, 1999.

GRISCI, Carmem Ligia Iochins. Trabalho, tempo e subjetividade e a constituição do sujeito contemporâneo. In: *Revista Ciências Humanas*, Florianópolis, Edição Especial Temática, 1999.

GUATTARI, Felix. *Caosmose: um novo paradigma estético*. Rio de Janeiro, Ed. 34, 1993.

_____. *Revolução molecular: pulsações políticas do desejo*. São Paulo, Brasiliense, 1987.

_____. & DELEUZE, Gilles. *Mil platôs*, v. 1. Rio de Janeiro, Ed. 34, 1995.

_____. & ROLNIK, Suely. *Cartografias do desejo*. 4. ed. Petrópolis, Vozes, 1996.

GUSDORF, Georges. *Professores para quê?* 2. ed. São Paulo, Martins Fontes, 1995.

HABERMAS, Jurgen. *Conhecimento e interesse*. Rio de Janeiro, Guanabara, 1987.

_____. *O discurso filosófico da modernidade*. Portugal, Lisboa, Dom Quixote, 1990.

_____. *O cotidiano e a história*. Rio de Janeiro, Paz e Terra, 1972.

HELLER, Ágnes. *Sociología de la vida cotidiana*. Barcelona, Ediciones Peninsula, 1991.

HEIDEGGER, Martín. *Todos nós... Ninguém*. Trad. Dulce Mara Critelli. São Paulo, Moraes, 1981.

_____. *Ser e tempo*. Parte I. 5. ed. Petrópolis, Vozes, 1995.

_____. *Ser e tempo*. Parte II. 4. ed. Petrópolis, Vozes, 1996.

HEKMAN, Susan J. *Hermenêutica e sociologia do conhecimento*. Lisboa, Edições 70, 1998.

JUNQUEIRA, Ester Dalva Silvestre. *Velho. E por que não?* Bauru, Edusc, 1998.

LINHARES, Célia (org.). *Políticas do conhecimento*. Niterói, Intertexto, 1999.

LINS, Daniel et al. (orgs.). *Nietzsche e Deleuze: intensidade e paixão*. Rio de Janeiro, Relume-Dumará, 2000.

LOPES, Ruth Gelehrter da Costa. In: *Revista Kairós*. São Paulo (1), pp. 69-77, ago. 1998.

LOUREIRO, Altair Macedo Lahud. *A velhice, o tempo e a morte*. Brasília, Editora UnB, 1998.

LORENZETTO, M. G. M. A apropriação do tempo livre: uma conquista no envelhecimento. In: *Revista Kairós*. São Paulo (1), pp. 45-50, ago. 1998.

MARTINS, Joel. *Um enfoque fenomenológico do currículo: educação como poíesis*. São Paulo, Cortez, 1992.

MATOS, Olgária C. F. *Os arcanos do inteiramente outro*. 2. ed. São Paulo, Brasiliense, 1989.

MCLAREN, Peter. *Multiculturalismo crítico*. São Paulo, Cortez, 1997.

MERCADANTE, Elizabeth. A identidade e a subjetividade do idoso. In: *Revista Kairós*. São Paulo (1), pp. 59-67, ago. 1998.

MOLON, Susana Inês. *Subjetividade e constituição do sujeito em Vygotsky*. São Paulo, Educ/Fapesp, 1999.

MONTEIRO, Luis Gonzaga M. *Neomarxismo: indivíduo e subjetividade*. São Paulo/Florianópolis, Educ/Edufsc, 1995.

MORAIS, José Luis Bolzan. *A subjetividade do tempo: uma perspectiva transdisciplinar do Direito e da Democracia*. Porto Alegre/Santa Cruz do Sul, Livraria do Advogado/ Edunisc, 1998.

MORIN, Edgar. *Amor, poesia, sabedoria*. Rio de Janeiro, Bertrand Brasil, 1998.

_____. *O homem e a morte*. 2. ed. Mem Martins, Publicações Europa-América, 1988.

_____. *O método*. Trad. Juremir Machado da Silva. Porto Alegre, Sulina, 1998.

MOTTA, Flávia de Mattos. *Velha é a vovozinha: identidade feminina na velhice*. Santa Cruz do Sul, Edunisc, 1998.

MOUTINHO, Luiz Damon S. *Sartre: existencialismo e liberdade*. São Paulo.

NERI, Anita Liberalesso & DEBERT, Guita Grin (orgs.). *Velhice e sociedade*. Campinas, Papirus, 1999.

_____. *Psicologia do envelhecimento*. Campinas, Papirus, 1995.

NERI, Anita Liberalesso (org.). *Qualidade de vida e idade madura*. Campinas, Papirus, 1993.

_____. *Envelhecer num país de jovens: significados de velho e velhice segundo brasileiros não idosos*. Campinas, Editora Unicamp, 1991.

NIETZSCHE, F. *Genealogia da moral*. São Paulo, Companhia das Letras, 1998.

_____. *Ecce homo: Como alguém se torna o que é*. São Paulo, Companhia das Letras, 1995.

NOVAES, Adaulto (org.). *Tempo e história*. São Paulo, Companhia das Letras, 1992.

NOVAES, Maria Helena. *Psicologia da terceira idade: conquistas possíveis e rupturas necessárias*. 2. ed. Rio de Janeiro, Nau, 1997.

NÓVOA, Antonio (org.). *Profissão professor*. 2. ed. Porto, Porto Editora, 1995.

_____. (org.). *Vidas de professores*. 2. ed. Porto, Porto Editora, 1995.

OLIVEIRA, Roberto Cardoso de. *Identidade, etnia e estrutura social*. São Paulo, Pioneira, 1976.

OLIVEIRA, Paulo de Salles. *Vidas compartilhadas: cultura e co-educação de gerações na vida cotidiana*. São Paulo, Hucitec, 1999.

PACHECO, Olandina M. C. de Assis. *Sujeito e singularidade: ensaio sobre a construção da diferença*. Rio de Janeiro, Zahar, 1996.

PALANGANA, Isilda Campaner. *Individualidade; afirmação e negação na sociedade capitalista*. São Paulo, Plexus, 1998.

PENA-VEGA, Alfredo & NASCIMENTO, Elimar Pinheiro do (orgs.). *O pensar complexo: Edgar Morin e a crise da modernidade*. Rio de Janeiro, Garamond, 1999.

PEREIRA, Marcos Vilela. *Professoralidade: a estética do professor*. Tese de doutoramento, PUC/SP, 1998.

PESSOA, Fernando. *O eu profundo e os outros eus. Mestres da literatura contemporânea*. Rio de Janeiro, Record/Altaya, 1996.

PINHEIRO, Odette de G. Entrevista: uma prática discursiva. In: SPINK, Mary Jane. *Práticas discursivas e produção de sentidos no cotidiano*. São Paulo, Cortez, 1999.

PICHON-RIVIÉRE, Enrique & QUIROGA, Ana Pampliega. São Paulo, Martins Fontes, 1998.

PINÇON, Michel & CHARLOT, Monique Pinçon. A teoria de Pierre Bourdieu aplicada às pesquisas sobre a grande burguesia. In: *Revista Ciências Humanas*. Florianópolis, n. 25, p. 11-20, abril/1999.

PINTO, Álvaro Vieira. *Ciência e existência*. Rio de Janeiro, Paz e Terra, 1969.

PORTELLI, Alessandro. Tentando aprender um pouquinho: algumas reflexões sobre a ética na história oral. In: PERELMUTTER, Daisy & ANTONACCI, Maria Antonieta. *Ética e história Oral. Projeto História 15*. São Paulo, PUC, abril/1997.

PRADO, Adélia. *Poesia reunida*. São Paulo, Siciliano, 1991.

_____. In: TENÓRIO, Waldecy. *O simbólico e o diabólico: dramas e tramas*. São Paulo, Educ, 1999.

PY, Ligia. *Testemunhas vivas da história*. Rio de Janeiro, Nau, 1999.

QUEIROZ, Maria Isaura P. Relatos orais: do "indizível" ao "dizível". In: *Enciclopédia Aberta de Ciências Sociais*, n. 5, pp. 14 a 43, 1993.

ROSA, Maria Inês. *Trabalho, subjetividade e poder*. Tese de doutoramento, USP-SP, 1991.

SAWAIA, Bader (org.). *As artimanhas da exclusão: análise psicossocial e ética da desigualdade social*. Petrópolis, Vozes, 1999.

SANTOS, Maria de Fátima de Souza. *Identidade e aposentadoria*. São Paulo, EPU, 1990.

SARMENTO, Manuel Jacinto. *A vez e a voz dos professores*. Porto, Porto Editora, 1994.

SCHNITMAN, Dora Fried (org.). *Novos paradigmas, cultura e subjetividade*. Porto Alegre, Artes Médicas, 1996.

SILVA, Ezequiel Theodoro da. *Professor de 1º grau: identidade em jogo*. Campinas, Papirus, 1995.

SPINK, Mary Jane (org.). *Práticas discursivas e produção de sentidos no cotidiano*. São Paulo, Cortez, 1999.

SOUZA, Santos, B. *Pela Mão de Alice: O social e o político na pós-modernidade*. Porto, Afrontamento, 1994.

STANO, Rita de C. M. Trindade. "Vida em vidas: Velhos e velhas no espaço escolar. Projeto Educacional para a terceira idade e a qualidade de vida". São Paulo, PUC/SP, 1994. Dissertação de Mestrado.

THOMPSON, John B. *Ideologia e cultura moderna*. Petrópolis, Vozes, 1995.

TOURAINE, Alain. *Crítica da modernidade*. Petrópolis, Vozes, 1995.

VÉRAS, Renato (org.). *Terceira Idade: desafios para o Terceiro Milênio*. Rio de Janeiro, Relume-Dumará, UnATI/UERJ, 1997.

VIANNA, Cláudio. Entre o desencanto e a paixão: desafio para o magistério. In: HOLLANDA, H. Buarque & BRUSCHINI, C. (orgs.). *Horizontes plurais*. São Paulo, FCC, Ed. 34, 1998.

RITA DE CÁSSIA M. T. STANO é graduada em Pedagogia (Orientação Educacional e Supervisão Escolar/1984); mestre (1994) e doutora em Educação-Currículo pela PUC-SP (2001); professora adjunta de Ciências Humanas e Sociais da Escola Federal de Engenharia de Itajubá (EFEI). Tem atuado como coordenadora do Centro de Estudos e Assistência à Terceira Idade (CEATI); coordenadora do Curso de Extensão (EFEI) de Educação Permanente para a Terceira Idade (desde 1990) e coordenadora do projeto Oficina do Professor na EFEI (resgate da memória docente).

Impressão e acabamento:
GRÁFICA PAYM
Tel. (011) 4392-3344